FUNDAMENTOS DO DIREITO COLETIVO DO TRABALHO

SÉRIE ESTUDOS JURÍDICOS: DIREITO EMPRESARIAL E ECONÔMICO

Ronald Silka de Almeida

Rua Clara Vendramin, 58 . Mossunguê . Cep 81200-170 . Curitiba . PR . Brasil
Fone: (41) 2106-4170 . www.intersaberes.com . editora@intersaberes.com

Conselho editorial Dr. Ivo José Both (presidente), Drª Elena Godoy, Dr. Neri dos Santos, Dr. Ulf Gregor Baranow ▪ **Editora-chefe** Lindsay Azambuja ▪ **Gerente editorial** Ariadne Nunes Wenger ▪ **Assistente editorial** Daniela Viroli Pereira Pinto ▪ **Preparação de originais** Rodapé Revisões ▪ **Edição de texto** Letra & Língua e Larissa Carolina de Andrade ▪ **Capa** Luana Machado Amaro ▪ **Projeto gráfico** Mayra Yoshizawa ▪ **Diagramação** Débora Gipiela ▪ **Equipe de** *design* Débora Gipiela ▪ **Iconografia** Regina Claudia Cruz Prestes

Dados Internacionais de Catalogação na Publicação (CIP)
(Câmara Brasileira do Livro, SP, Brasil)

Almeida, Ronald Silka de
 Fundamentos do direito coletivo do trabalho/Ronald Silka de Almeida. Curitiba: InterSaberes, 2021. (Série Estudos Jurídicos: Direito Empresarial e Econômico)

 Bibliografia.
 ISBN 978-65-89818-49-6

 1. Direito do trabalho 2. Direito do trabalho – Brasil I. Título. II. Série.

21-63235   CDU-34:331.88(81)

Índices para catálogo sistemático:
1. Brasil: Direito coletivo do trabalho   34:331.88(81)

Cibele Maria Dias – Bibliotecária – CRB-8/9427

1ª edição, 2021.

Foi feito o depósito legal.

Informamos que é de inteira responsabilidade do autor a emissão de conceitos.

Nenhuma parte desta publicação poderá ser reproduzida por qualquer meio ou forma sem a prévia autorização da Editora InterSaberes.

A violação dos direitos autorais é crime estabelecido na Lei n. 9.610/1998 e punido pelo art. 184 do Código Penal.

Sumário

7 ▪ *Apresentação*

11 ▪ *Introdução*

Capítulo 1
17 ▪ **Análise histórica e estruturação do direito coletivo do trabalho e liberdade sindical**

18 | Revolução Industrial e o direito coletivo do trabalho

21 | O sindicalismo no Brasil

24 | Legislação relativa ao direito coletivo do trabalho

25 | Estrutura do direito coletivo do trabalho

30 | Relações coletivas de trabalho

37 | Princípios fundamentais do direito coletivo

45 | Princípios regentes das relações coletivas

52 | Liberdade sindical

Capítulo 2
61 ▪ **Sistema da organização sindical**

63 | Unicidade sindical

64 | Base territorial mínima

65 | Representação por categoria

67 | Sindicatos: origem e conceito

72 | Entidades de segundo grau ou de cúpula

79 | Condições de registro e funcionamento das entidades sindicais

85 | Garantias do dirigente sindical
90 | Patrimônio, receitas das entidades sindicais e contribuição dos trabalhadores e das categorias econômicas

Capítulo 3
103 ▪ **Deveres dos sindicatos, atividades ou condutas antissindicais, representação dos trabalhadores, negociação coletiva e formas de solução de conflitos**
104 | Deveres dos sindicatos
106 | Atividades ou condutas antissindicais
107 | Representação dos trabalhadores
116 | Negociação coletiva
127 | Elementos essenciais das convenções ou dos acordos coletivos
133 | Formas de solução de conflitos

Capítulo 4
141 ▪ **Greve, dissídio coletivo e demais atos coletivos**
142 | Greve
165 | Dissídio coletivo
179 | Demais atos coletivos

185 ▪ *Considerações finais*
189 ▪ *Lista de siglas*
191 ▪ *Referências*
205 ▪ *Anexos*
221 ▪ *Sobre o autor*

Apresentação

O estudo do direito coletivo do trabalho abrange uma das partes mais instigantes do direito material trabalhista, uma vez que nos leva à análise do verdadeiro embrião da ciência do direito do trabalho.

Esta obra é direcionada a estudantes, profissionais do Direito e leitores interessados no assunto, pois, ao mesmo tempo em que apresenta um estudo teórico, contempla aspectos práticos para o operador do direito coletivo. Para tanto, procuramos utilizar uma narrativa acadêmica sem nos afastarmos do tecnicismo exigido pela ciência do direito.

A pesquisa e a compilação dos dados foram efetuadas com base na doutrina, na jurisprudência e na legislação, com destaque para a Constituição Federal de 1988 e a Consolidação da Leis do Trabalho – já com as atualizações da Lei n. 13.467/2017 e da Lei n. 7.783/1989 (Lei de Greve).

Dividimos a obra em quatro capítulos a fim de abordar os pontos fundamentais do direito coletivo, de modo que o estudioso da área tenha uma visão geral e uma base sólida sobre os principais conceitos que envolvem o setor.

No Capítulo 1, analisamos a evolução do sindicalismo no Brasil e a legislação pátria. Tratamos da estrutura do direito coletivo do trabalho, verificando a possível autonomia como ciência no decorrer da evolução histórica. Também examinamos os sujeitos envolvidos, a função deles e a divisão com base nas relações coletivas, efetuando a distinção entre o direito individual e o direito coletivo diante dos conflitos a serem dirimidos. Ainda destacamos as modalidades de solução dos conflitos, o poder normativo dos grupos e os princípios fundamentais e regentes do direito coletivo do trabalho.

No Capítulo 2, verificamos a organização sindical brasileira, que adota o sistema confederativo de representação sindical em estrutura piramidal, ou seja, em cuja base encontram-se os sindicatos; no centro, as federações; e, no topo, as confederações e centrais sindicais, cujo fundamento estrutural é a unicidade sindical, a base territorial mínima e a representação por categoria.

No Capítulo 3, nosso objeto de análise são os deveres dos sindicatos, o exercício da atividade sindical, bem como de outras consideradas antissindicais, ou seja, que impedem o exercício pleno da atividade e podem apresentar prejuízos à liberdade sindical. Além disso, abordamos a representação dos trabalhadores, a negociação coletiva e os meios de solução de conflitos, tais como a conciliação, a mediação e a arbitragem.

No Capítulo 4, evidenciamos o instituto da greve. Efetuamos uma breve análise histórica do fenômeno, do conceito e da aplicação no sistema brasileiro. Em seguida, discutimos o dissídio coletivo, ação própria da área, sua previsão legal, sua instância e suas fases, culminando com o poder normativo da Justiça do Trabalho e demais atos coletivos.

Dessa forma, nosso intuito é trazer a você, leitor, um panorama do direito coletivo do trabalho, a fim de contribuir com os estudos e a formação do profissional pesquisador do direito.

Bons estudos!

Introdução

À segunda metade do século XVIII e ao início do século XIX se associam o desenvolvimento da tecnologia das indústrias do motor a vapor, da ferrovia, dos navios de casco de ferro, bem como os avanços nas comunicações e o desenvolvimento da eletricidade.

Nessa fase, fruto da Revolução Industrial, ocorreram mudanças no setor produtivo que deram origem à classe operária, uma transformação social forçada pela eclosão de uma liberdade econômica sem limites, com a opressão dos mais fracos, o que gerou, "segundo alguns autores, uma nova forma de escravidão" (Barros, 2017, p. 59).

Nesse período, passaram a ser utilizadas no setor produtivo as "meias-forças dóceis", ou seja, "o emprego generalizado de mulheres, crianças e adolescentes, pois a máquina reduziu o esforço físico e estas não estavam preparadas para reivindicar quaisquer direitos suportando, assim, ínfimos salários, jornadas desumanas e condições de higiene degradantes, com graves riscos de acidente" (Barros, 2017, p. 59).

Os trabalhadores, lentamente, começaram a se organizar por associações e casas de amparos, com o intuito de obterem melhoria nas condições de trabalho e de subsistência. Entretanto, as referidas associações não eram bem vistas, tanto é que, na França, em 1791, pela Lei Chapelier, foram proibidas todas as formas de coalizão de trabalhadores ou de empregadores, representados por meio de "síndicos" (Süssekind, 2004, p. 536). Esse termo se generalizou e deu origem a *sindicalizados* e *sindicato*.

Ressaltamos que essas "coalizões", além de não contarem com qualquer estrutura sindical, passaram a ser consideradas ilícitas pelo delito de conspiração na Grã-Bretanha (1799 e 1800), nos Estados Unidos (1806), na Bélgica, na Holanda, em Luxemburgo, na Suécia, na Dinamarca, na Espanha, na Itália e na Confederação Germânica (1834).

No entanto, de acordo com Süssekind (2004, p. 536), em que pese serem proibidas as reuniões, os trabalhadores continuaram a realizá-las com o intuito de "reivindicar melhores condições de trabalho junto aos seus empregadores (gênese da negociação coletiva)".

As referidas reuniões, então, receberam impulso, quando Robert Owen, em 1813, industrial, proprietário de uma fábrica de tecidos em New Lanark, Escócia, implantou e difundiu ideias de proteção ao trabalho em seu livro A *new view of Society*, propondo, posteriormente, no Congresso de Aix-la-Chapelle, em 1818, a celebração de um tratado internacional que limitava a jornada de trabalho (Jorge Neto; Cavalcante, 2015).

A partir de então, houve uma sucessão de atos que reconheciam essa nova realidade (Süssekind, 2004):

- 1824 – O parlamento inglês revogou a proibição das coalizões de trabalhadores.
- 1842 – A corte de Massachusetts considerou lícita a associação de trabalhadores, conforme os meios utilizados.
- 1864 – Na França, foi revogada a lei que proibia a sindicalização e a considerava como delito; o mesmo ocorreu na Bélgica.
- 1866 – Nos Estados Unidos, foi criada a American Federation of Labor.
- 1869 – Na Alemanha, foi revogada a lei que proibia a associação.
- 1871 – Na Grã-Bretanha, foi aprovado o *Trade Union Act*, que reconhecia o direito de associação.
- 1895 – Na França, foi criada a Confédération Gènerale du Travail (CGT).

Após a Primeira Guerra Mundial (1914-1918) a grande depressão (1929-1930), que levaram ao desalojamento, pelos Estados Unidos, do Império Britânico como potência mundial dominante; "da libra esterlina pelo dólar como moeda hegemônica;

dos mercados internacionais de investimentos financeiros e comerciais, pelo sistema de instituições públicas internacionais, da primeira fase de Revolução Industrial (carvão, motor a vapor, ferrovias), pela segunda (petróleo, eletricidade, indústrias petroquímicas e de automóveis) estruturada pelo Fordismo" (Almeida, 2010, p. 171), e também depois da Segunda Guerra Mundial (1939-1945), as relações de trabalho passaram a se apresentar mais complexas. Isso aconteceu porque, segundo Russomano (1992, p. 146), tais relações estavam embebidas de "uma forte carga dos ideais de solidariedade e respeito aos direitos do homem e de alcance da Justiça Social".

As forças do mercado e "a voracidade econômica lançam o trabalhador e todos os seus dependentes a uma batalha desproporcional na procura pela sobrevivência", mormente quando "há maior número de trabalhadores e um número reduzido de vagas de trabalho, oportunidade sem igual através da qual as forças econômicas fazem afastar as normas imperativas de proteção ao trabalhador asseguradas pelo Estado" (Almeida, 2010, p. 539).

Essas forças de mercado, fomentadas pelo fenômeno da globalização, simplesmente vêm de encontro aos princípios da dignidade humana, pois violam de forma clara direitos fundamentais dos trabalhadores ao alimentarem a "regressão, paulatina ou agressiva, dos direitos materiais do trabalhador, procurando transferir a formulação desses direitos das normas imperativas do Estado para o âmbito mais fluido da negociação coletiva" (Russomano, 2006, p. 42).

Nesse sentido, para equilibrar o embate entre o capital e o trabalho, faz-se necessária a atuação do sindicato, que tem, como se verá adiante, a finalidade de representar coletivamente os interesses das classes profissional e econômica, formalizar contratos coletivos, mediar conflitos coletivos do trabalho e buscar mecanismos que solucionem tais conflitos.

Capítulo 1

*Análise histórica e estruturação
do direito coletivo do trabalho
e liberdade sindical*

Ao adentrarmos no estudo do direito coletivo, faz-se necessário o conhecimento das origens e da evolução desse ramo jurídico no mundo. Com base nisso, neste capítulo, abordamos a influência da Revolução Industrial na eclosão, por parte dos trabalhadores, do sentido de grupo que veio a dar origem ao direito coletivo do trabalho. Assim, aqui discorremos sobre a evolução do sindicalismo no Brasil e da legislação pátria. Também analisamos a estrutura do direito coletivo do trabalho, verificando a formação deste como possível ciência autônoma, sua definição e sua conceituação no decorrer da evolução histórica. Examinamos, ainda, os sujeitos envolvidos e de sua função e da divisão deles nas relações coletivas, efetuando a distinção entre o direito individual e o direito coletivo diante dos conflitos a serem dirimidos. Discutimos, por fim, as modalidades de solução dos conflitos, o poder normativo dos grupos e os princípios fundamentais e regentes do direito coletivo do trabalho.

— 1.1 —
Revolução Industrial e o direito coletivo do trabalho

O direito coletivo do trabalho surge, de forma paulatina, em razão das alterações econômicas e sociais ocorridas na metade do século XVIII. Para Orlando Gomes e Elson Gottschalk (1991, p. 1), "se nos fosse dado situar no tempo um acontecimento marcante para assinalar o início desse processo revolucionário, indicaríamos a máquina a vapor descoberta por Thomas Newcomen, em 1712", posteriormente "aperfeiçoada por James Watt".

Explicam Jorge Neto e Cavalcante (2015, p. 1.274): "principalmente por conta do acúmulo de capitais nas transações comerciais, inicia-se o processo conhecido como a Revolução Industrial na Inglaterra, com a mecanização industrial". Ainda, esclarecem que "esse fato trouxe grandes mudanças, de ordem tanto econômica quanto social, que possibilitaram o desaparecimento dos restos do feudalismo ainda existentes e a definitiva implantação do modo de produção capitalista", fenômeno que, em pouco tempo, chegou aos países do continente europeu, atingindo a Bélgica, a França e, posteriormente, a Itália, a Alemanha, a Rússia e, saindo do continente europeu, os Estados Unidos.

Esse movimento fomentou para a classe operária "a formação de uma consciência de classe" por meio da criação de associações, a princípio clandestinas, com o intuito de fazer reivindicações em prol dos interesses da classe (Gomes; Gottschalk, 1991, p. 2).

Para Leite (2018, p. 734), "o surgimento do direito coletivo do trabalho aconteceu em 1720, especificamente em Londres, quando surgiram as *trade unions*, primeiras associações de trabalhadores cujo objetivo repousava na reivindicação de melhores salários e limitação da jornada de trabalho". O autor ainda esclarece que, "a partir de 1824, seguiu-se uma fase de tolerância aos sindicatos, mas somente em 21 de junho daquele ano, o parlamento inglês editou ato normativo que permitia o direito de reunião dos trabalhadores, embora não reconhecesse o direito de greve" (Leite, 2018, p. 735).

Martins (2012, p. 725) invoca a lei inglesa de 1875, consolidada em 1906, como instrumento formal que possibilitou a criação livre dos sindicatos, além disso, mostra que, "na França, a Lei Le Chapellier, de 17-07-1791, proibia que 'os cidadãos de um mesmo Estado ou profissão tomassem decisões ou deliberações a respeito de seus pretensos interesses comuns'", informando, ainda, que "o Código de Napoleão, de 1810, também punia a associação de trabalhadores [...] Só se observa a liberdade de associação dos trabalhadores a partir de 1884, quando foi reconhecida".

Vólia Bonfim Cassar (2018, p. 1.240) explica:

> no curso do século XIX, as lutas travadas por melhores condições de trabalho e as reivindicações coletivas de trabalhadores põem em relevo a dimensão coletiva da relação de trabalho, criando condições, a partir do começo do século XX, para a percepção da singularidade desta relação jurídica, abrindo caminho para a incorporação dos direitos sociais nas constituições (primeiro na Constituição da Revolução mexicana de 1917 depois na Constituição alemã de Weimar em 1919).

Assim, passamos agora à analise do desenvolvimento do sindicalismo no Brasil.

— 1.2 —
O sindicalismo no Brasil

O sindicalismo no Brasil tem origem em momento posterior ao do movimento europeu. É de se observar que a economia incipiente e a necessidade de mão de obra qualificada, em princípio, justificam esse fenômeno que se desenvolveu e foi fomentado pela chegada de trabalhadores europeus ao Brasil.

Conforme citam Gomes e Gottschalk (1991, p. 618), no Brasil Império, vicejava "o regime de trabalho escravagista, mediante o qual se tornavam impossíveis a ocorrência e o surgimento de sistemas corporativistas de produção e de trabalho, que pressupõem o trabalho livre, embora submetido a estritas regras regulamentares".

Segundo Brito Filho (2019, p. 57), "mesmo as corporações aqui existentes, denominadas de confrarias, nada tinham a ver com as corporações medievais da Europa"; e, mais, a Constituição de 1824 "abolia as corporações de ofício, além dos mestres, e trazia a faculdade de associações religiosas e políticas".

As referidas condições para a formação de associações no campo das relações coletivas somente ocorreram após o desenrolar dos seguintes fatos:

- publicação da Lei do Ventre Livre (1871);
- publicação da Lei de Abolição da Escravatura (1888); e
- promulgação da Constituição de 1891, que, sob a influência dos Estados Unidos, não apresentava sequer uma citação sobre sindicato, embora trouxesse a regra de que a "todos

é lícito associarem-se e reunirem-se livremente e sem armas; não podendo intervir a Polícia senão para manter a ordem pública" (Gomes; Gottschalk, 1991, p. 619).

Em consequência da adoção do liberalismo como doutrina do primeiro período da República, surgiram as primeiras leis sindicais, e as Constituições que se sucederam contemplaram normas que disciplinavam a criação e a regulamentação dos sindicatos. Vejamos o Quadro 1.1 a seguir.

Quadro 1.1 – Evolução normativa disciplinando os sindicatos

NORMA	FUNDAMENTO
Decreto n. 979/1903	Formação de sindicatos rurais (Brasil, 1903).
Decreto n. 1.637/1907	Formação de outros sindicatos, inclusive profissões liberais (Brasil, 1907).
Decreto n. 19.770/1931	Disciplina, por meio do governo provisório, os sindicatos que não nasceram espontaneamente (Brasil, 1931).
Constituição de 1934	Adoção do pluralismo sindical com base na Encíclica *Rerum Novarum* (Papa Leão XIII, 1981).
Decreto n. 24.694/1934	Outorgado por Getúlio Vargas às vésperas da promulgação da Constituição, frustra a pluralidade sindical e exige um terço do grupo de trabalhadores para a formação do sindicato (Brasil, 1934b).
Constituição de 1937	O Estado Novo introduz um pseudo corporativismo com base fascista. O sindicato unitário é vinculado ao Poder Público. Os representantes sindicais servem como instrumentos da política governamental, criando os "pelegos" do sindicalismo (Vaz, 2016, p. 38; Brasil, 1937).

(continua)

(Quadro 1.1 – conclusão)

NORMA	FUNDAMENTO
Consolidação das Leis do Trabalho (CLT) de 1943	Não consagrou a autonomia sindical e fixou o princípio do sindicato único por categoria e por base territorial. Vinculou os sindicatos ao Ministério do Trabalho, que deveria aprovar os estatutos para conceder-lhes o reconhecimento oficial, fiscalizando sua administração e controlando seus órgãos diretores (Jorge Neto; Cavalcante, 2015; Brasil, 1943).
Constituição de 1946	Estabelece a liberdade sindical, mas não impede o regime da unicidade. O legislador ordinário regulou a constituição e o exercício das associações profissionais, tanto as corporativas quanto as sindicais (Vaz, 2016; Brasil, 1946).
Constituição de 1967	Modificada em 1969, mas sem mudança sindical, confirmou as regras da Constituição de 1946 e alterou apenas a questão do voto obrigatório nas eleições sindicais, além de delegar poderes ao sindicato para arrecadar, na forma da lei, contribuições para o custeio da atividade dos órgãos sindicais e profissionais e para a execução de programas de interesse das categorias por eles representadas (Jorge Neto; Cavalcante, 2015; Brasil, 1967).
Constituição Federal de 1988	Como marco no sindicalismo brasileiro, atende aos reclamos dos que buscavam menos interferência do Estado nas organizações sindicais e concede a estas a liberdade para regrar, de forma autônoma, sua vida interna, além de impedir a interferência e a intervenção do Estado. No art. 8º, traz ditames para a plena autonomia sindical, mesmo com o monopólio de representação sindical por categoria (inciso II) (Vaz, 2016; Brasil, 1988).

Dessa forma, diante da evolução das normas relacionadas aos sindicatos no Brasil, nosso estudo passa à análise da legislação específica do direito coletivo do trabalho.

— 1.3 —
Legislação relativa ao direito coletivo do trabalho

O direito coletivo do trabalho brasileiro, atualmente, está disciplinado pelas normas relacionadas no Quadro 1.2. Vejamos a seguir.

Quadro 1.2 –Legislação específica do direito coletivo do trabalho

NORMA	ASSUNTO
Constituição Federal de 1988	Art. 8º: liberdade de associação profissional e sindical; e art. 9º: direito de greve (Brasil, 1988).
Consolidação das Leis do Trabalho (CLT) de 1943	Art. 511 a 625: organização sindical (Brasil, 1943).
Lei n. 7.783/1989	Direito de greve (Brasil, 1989).
Portaria MTE n. 186/2008 e Portaria MTE n. 326/2013	Registro sindical (MTE, 2008, 2013).
Lei nº 13.129/2015	Lei de Arbitragem (Brasil, 2015b).
Súmulas n. 379 e n. 369 do TST	379: Despedida. Falta grave. Inquérito judicial. (Brasil, 2005b). 369: Estabilidade provisória (Brasil, 2012c).

(continua)

(Quadro 1.2 – conclusão)

NORMA	ASSUNTO
Orientações Jurisprudenciais da SBDI-1 e 2 do TST	OJ-SBDI1 – 266: Estabilidade provisória. Limitação do número de dirigentes (CLT, art. 522. Constituição Federal de 1988) (Brasil, 2005a).
	OJ-SBDI2 – 137: Mandado de segurança. Estabilidade provisória. Suspensão para apuração de falta grave. Inquérito judicial (CLT, art. 494) (Brasil, 2004).
	OJ-SBDI2 – 65: Mandado de segurança. Reintegração liminarmente concedida (CLT, art. 659, X) (Brasil, 2000b).
Precedente Normativo n. 83 do TST	83: Frequência livre (Brasil, 2021c).

Diante da legislação que envolve o direito coletivo do trabalho, podemos afirmar que esse ramo do direito decorre de fontes formais e materiais. É preciso esclarecer que, no rol das fontes formais se inserem a Constituição, as leis e as portarias; e, no rol das fontes materiais, as súmulas e as orientações jurisprudenciais.

— 1.4 —
Estrutura do direito coletivo do trabalho

Nesta seção, em que abordamos os aspectos estruturais do direito coletivo do trabalho, analisamos os fatores que levam à conceituação da matéria como ciência, bem como a definição, a denominação, o conceito e os sujeitos, além da função e da divisão da atividade.

Ciência autônoma

Prevalece hoje o entendimento de que o direito coletivo do trabalho é um segmento do direito do trabalho. Nos dizeres de Nascimento e Nascimento (2015, p. 29) "o direito sindical não é um ramo, é parte de um ramo do Direito, do direito do trabalho, por maiores que sejam os esforços voltados para reconhecê-lo como um setor próprio do ordenamento jurídico".

Apesar de ter princípios e institutos próprios, domínio de farta matéria, sujeitos e objetos diversos dos relacionados aos do direito individual, o direito coletivo do trabalho **ainda não pode ser considerado ciência autônoma**, pois lhe falta uma legislação mais aprofundada, vasta, rica (Nascimento; Nascimento, 2015).

Na explicação de Brito Filho (2019, p. 23), "o direito sindical não tem autonomia legislativa, ou seja, um corpo próprio de leis, mas tem normas inseridas no texto constitucional, na CLT e nos regimes jurídicos próprios de cada ente público", e complementa que "desconhece ainda a sua autonomia didática, sendo o Direito Sindical normalmente ministrado como parte do Direito do Trabalho".

Definição

A definição de *direito coletivo do trabalho* está diretamente relacionada aos interesses envolvidos, tanto é que, para Oliveira (2015, p. 298), "denomina-se direito coletivo do trabalho ao ramo do Direito do Trabalho que cuida dos interesses de uma coletividade que engloba as várias categorias profissionais e econômicas e bem assim categorias diferenciadas, com atuação em sede abstrata".

Em síntese, é um segmento do direito do trabalho que regula as relações inerentes à chamada "autonomia privada coletiva, bem como as relações entre organizações coletivas de empregados e empregadores e/ou entre as organizações obreiras e empregadores diretamente, a par das demais relações surgidas na dinâmica da representação e atuação coletiva dos trabalhadores" (Nascimento; Nascimento, 2015, p. 49).

A definição objetivista deve ser aplicada justamente por se tratar do "ramo do direito do trabalho que tem por objetivo o estudo das normas e das relações jurídicas que dão forma ao modelo sindical" (Nascimento; Nascimento, 2015, p. 19).

Delgado (2019), aponta três definições que levam em consideração o conteúdo e as relações jurídicas tratadas pelas partes envolvidas, conforme observamos no Quadro 1.3.

Quadro 1.3 – Definições quanto às relações jurídicas

DEFINIÇÃO	FUNDAMENTO
Subjetivista	Firma o enfoque nos sujeitos das relações jurídicas centrais do ramo definido.
Objetivista	Enfatiza o conteúdo das relações jurídicas tratadas pelo mesmo ramo do direito.
Mista	Procura combinar os dois enfoques retroespecificados.

Portanto, passamos, a seguir, à análise da denominação da ciência em estudo.

Denominação

No que se refere à denominação, é interessante observar que o direito coletivo do trabalho já foi denominado *direito corporativo*; *direito normativo*; e *direito sindical*.

Segundo Delgado (2019, p. 1.218), a ocorrência de certas denominações que, hoje, são consideradas arcaicas "trata-se de epítetos que designaram, em épocas mais remotas, o Direito do Trabalho em geral, embora também se referindo ao Direito Coletivo. São: Direito Industrial, Direito Operário e Direito Corporativo". Atualmente, as expressões *direito coletivo do trabalho* e *direito sindical* são as mais utilizadas, embora ocorra também o uso do termo *direito social*.

Sobre esse ponto, esclarecem Nascimento e Nascimento (2015, p. 21) que as "expressões têm um sentido subjetivo e um sentido objetivo, o primeiro designando os direitos do sindicato no desempenho das suas atribuições legais, o segundo significando um setor do direito do trabalho que tem como objeto o estudo da organização e da ação sindical".

Conceito e sujeitos

Sedimentou-se na doutrina e na jurisprudência que o direito coletivo do trabalho é o segmento do direito do trabalho que trata da organização sindical, da negociação coletiva, da forma de representação coletiva dos interesses da classe profissional e econômica, dos contratos coletivos, dos conflitos coletivos do trabalho e dos mecanismos de solução desses conflitos.

Na visão de Barros (2017, p. 818), direito coletivo "pressupõe uma relação coletiva de trabalho, em que os sujeitos se encontram em função de uma coletividade profissional; logo, a relação jurídica daí advinda põe em jogo interesses abstratos do jogo". São sujeitos do direito coletivo do trabalho as respectivas categorias profissionais e econômicas, ou seja, as categorias profissionais identificam-se pelos trabalhadores, e as econômicas, pelos empregadores.

Ainda explica Oliveira (2015, p. 304), com relação às categorias, que "o fato de ambas estarem representadas por sindicato (art. 8º, III, CF) em nada modifica a situação. Os sindicatos são substitutos processuais exclusivos". E complementa: "a participação do sindicato, não só na convenção, mas no acordo coletivo é obrigatória: inciso VI, do art. 8º, CF., não podendo o mesmo furtar-se a essa obrigação".

Função e divisão

Para Delgado (2019, p. 1.218), as "funções do Direito Coletivo do Trabalho podem ser divididas em dois grandes grupos: gerais e específicas", a saber:

1. **Gerais**: envolvem os objetivos inerentes a todo o direito do trabalho (individual e coletivo), assim entendida a melhoria das condições de pactuação da força de trabalho na ordem socioeconômica. Resultam do caráter progressista e moderno do direito do trabalho.

2. **Específicas**: abrangem as situações juscoletivas de forma particularizada, como a geração de normas jurídicas; a pacificação de conflitos de natureza sociocoletiva; a função sociopolítica; a função econômica.

Ainda, segundo Nascimento e Nascimento (2015, p. 27), o direito coletivo do trabalho, ou direito sindical, está "dividido em quatro partes que se compõe [sic] em: a) organização sindical; b) a ação e funções dos entes sindicais; c) em especial a negociação coletiva e os contratos coletivos de trabalho; e d) a representação não sindical ou mista dos trabalhadores na empresa".

— 1.5 —
Relações coletivas de trabalho

A característica principal das relações coletivas é que os sujeitos são os grupos de trabalhadores e de empregadores, representados, em regra, pelos sindicatos profissionais e patronais, apresentando-se como relações intersindicais.

Assim, para Jorge Neto e Cavalcante (2015. p. 1.559): "pode-se dizer que as relações jurídicas de trabalho e coletiva diferem essencialmente quanto aos sujeitos e interesses [...]. Nas relações coletivas de trabalho os sujeitos são os grupos, constituídos, de pessoas abstratamente consideradas, e não as pessoas individualmente determinadas".

O direito coletivo do trabalho "assegura ao empregado uma proteção real e efetiva, de maneira indireta, na ordem sociológica, e não estritamente jurídica", ou seja, "com isso, atenua a inferioridade da condição econômica e coloca o empregado em plano de igualdade com o empregador para a ação e negociação coletivas" (Gomes; Gottschalk, 1991, p. 577).

Dessa forma, as distinções entre o direito individual e o direito coletivo ficam evidentes quando se observam os sujeitos envolvidos. No direito individual, estão presentes o empresário e o trabalhador de uma forma singular; por sua vez, no direito coletivo, os grupos estão definidos e representados pelo sindicato ou pela associação profissional, características essas marcantes, conforme Quadro 1.4, a seguir, que demonstra as distinções.

Quadro 1.4 – Distinções entre direito individual e direito coletivo

DISTINÇÃO QUANTO A:	DIREITO INDIVIDUAL	DIREITO COLETIVO
Sujeito	Empresário e trabalhador.	Grupos definidos: empresa ou associação profissional.
Conteúdo	Essencialmente contratual, sinalagmático e define contraprestações concretas.	Não implica obrigações laborais, mas um meio de criar normas que as sejam.
Forma	Contrato escrito, verbal ou tácito.	Contrato escrito, sempre.
Finalidade	Troca econômica de trabalho por salário.	Essencialmente normativa, para obter vantagens sociais e econômicas.
Transcendência econômica e político-social	Apenas perceptível.	Manifesta.

Para Gomes e Gottschalk (1991, p. 577), o traço característico do direito coletivo do trabalho é que, em vez da proteção direta do trabalhador, o direito coletivo traz como característica fundamental o "reconhecimento pela Ordem Jurídica estatal: a) do poder de organização dos grupos profissionais; b) da independência da profissão; e c) de uma inspiração democrática".

— 1.5.1 —
Conflitos individuais e coletivos

O direito do trabalho estuda os conflitos e, dessa forma, classifica-os, tendo em vista os sujeitos conflitantes, em duas espécies básicas: conflitos individuais e conflitos coletivos.

Os **conflitos individuais** "podem ocorrer entre um trabalhador ou diversos trabalhadores, individualmente considerados, e o empregador" (Delgado, 2019, p. 1.388). Os **conflitos coletivos** "são aqueles quando em razão dos seus sujeitos, os grupos de trabalhadores, abstratamente considerados de um lado, e o grupo de empregadores, de outro lado, objetivam finalidades (econômicas ou sociais) em prol da coletividade" (Delgado, 2019, p. 1.389).

O direito coletivo do trabalho tem como finalidades:

> a solução de conflitos de caráter jurídico e econômico. A solução de caráter jurídico envolve a solução de divergência de interpretação de regras ou princípios de jurídicos já existentes, ou não em diplomas coletivos já negociados. A de caráter

econômico visa a solução de divergência acerca de condições objetivas que envolvem o ambiente e o contrato de trabalho, ou seja, reivindicações: econômicos profissionais. (Delgado, 2019, p. 1.390)

Na visão consolidada pela doutrina, o direito coletivo do trabalho é um verdadeiro mecanismo de equilíbrio de forças que tem "como finalidade a solução dos conflitos coletivos e se utiliza dos grupos para obter os seus objetivos, principalmente em relação aos trabalhadores pois reduz de forma sensível a inferioridade econômica do trabalhador frente ao empregador" (Gomes; Gottschalk, 1991, p. 577), dando condições a uma solução mais equilibrada às divergências.

Com o decorrer dos tempos, surgiram formas e modalidades que são utilizadas para a solução dos conflitos coletivos de trabalho e que se classificam em: autodefesa, autocomposição e heterocomposição.

Autodefesa (ou autotutela)

A autodefesa, também denominada *autotutela*, é, nas palavras de Leite (2020, p. 199), "o método mais primitivo de solução dos conflitos, [que] pressupõe um ato de defesa pessoal em que, com ou sem formas processuais, uma das partes do litígio impõe a outra um sacrifício não consentido".

Observa ainda Leite (2020, p. 199) que, nessa modalidade

> não há a figura de um terceiro para solucionar o litígio, mas, sim, a imposição da decisão por uma das partes, geralmente a mais forte do ponto de vista físico, econômico, político ou social. É, pois, um método de solução direta, mediante imposição do interesse do mais forte sobre o mais fraco.

Cassar (2018, p. 1.271) elenca como "traços característicos da autotutela: a) a ausência de juiz distinto das partes; b) a imposição da decisão de uma das partes à outra".

Autocomposição

As partes coletivas contrapostas ajustam suas divergências de modo autônomo. Na autocomposição, de acordo com Leite (2020, p. 1991),

> um dos litigantes ou ambos consentem no sacrifício do próprio interesse, daí ser a sua classificação em unilateral e bilateral. A renúncia é um exemplo da primeira e a transação, da segunda. Pode dar-se à margem do processo, sendo, nesse caso, extraprocessual, ou no próprio processo, caso em que é intraprocessual, como a conciliação (CLT, art. 831, parágrafo único).

Para Cassar (2018, p. 1.272), "são três as formas de autocomposição de direitos disponíveis: a) desistência (renúncia à pretensão); b) submissão (renúncia à resistência oferecida à pretensão); c) transação (concessões recíprocas)".

Santos (2019, p. 96) cita como exemplo a "negociação coletiva trabalhista (acordo coletivo)".

Heterocomposição

A heterocomposição apresenta como característica a "intervenção de um terceiro na disputa entre dois ou mais sujeitos, podendo decidir a questão ou aconselhar as partes para que cheguem a uma solução" (Cassar, 2018, p. 1.273).

Ocorrendo o impasse, as partes entregam a terceiros o encargo da resolução de conflito, ou seja, de acordo com Leite (2020, p. 1.992), "consiste na solução do conflito trabalhista por um terceiro", que "decide com força obrigatória sobre os litigantes, que, assim, são submetidos à decisão".

Complementa Leite (2020, p. 1992) que "não é forma de solução direta, porque a decisão é supra partes, diferentemente da autocomposição em que a solução é obtida diretamente pelas próprias partes", e ainda cita "a arbitragem e a jurisdição" como as "principais formas de heterocomposição dos conflitos trabalhistas".

— 1.5.2 —
Poder normativo dos grupos

O poder normativo dos grupos envolve o princípio da criatividade jurídica da negociação coletiva. Conforme explica Delgado (2019, p. 1.238), nesse ponto, o direito coletivo

> atua, de maneira intensa sobre o Direito Individual do Trabalho, uma vez que é cenário de produção de um destacado universo de regras jurídicas, consubstanciado no conjunto de diplomas autônomos que compõem sua estrutura normativa (notadamente, Convenção, Acordo e Contrato Coletivo de Trabalho).

Vólia Bonfim Cassar (2018, p. 982) nomina esse princípio como "princípio da Autonomia Coletiva ou Poder de Auto-regulamentação". Os sindicatos representativos das categorias dos empregados e dos empregadores (ou empresas em situações particularizadas) negociam com a finalidade de criar, alterar ou suprimir direitos trabalhistas, em regra, de caráter privado, que vão vincular as partes atingidas pelo convênio coletivo resultante da negociação coletiva.

Conforme explica Oliveira (2015, p. 318), "a Justiça do Trabalho é um ramo diferente do Poder Judiciário, dotado de inúmeras peculiaridades, e, entre elas, o poder normativo que, durante cerca de sessenta anos, resolveu as desavenças entre o capital e o trabalho no plano coletivo".

— 1.6 —
Princípios fundamentais do direito coletivo

Princípios, segundo Brito Filho (2019, p. 32), "devem ser entendidos como as bases de qualquer ciência ou ramo destas, ou seja, constituem o alicerce que informará todo o desenvolvimento do conteúdo delas (ciências) ou deles (ramos)".

Aqui analisamos em específico os princípios norteadores (fundamentais) do direito coletivo do trabalho ou, como citado por alguns autores (Jorge Neto; Cavalcante, 2015; Cassar, 2018; Delgado, 2020; Santos, 2019; Oliveira, 2015; Santos, 2015), do direito sindical:

- princípio da unidade do direito individua e do direito coletivo do trabalho;
- princípio da liberdade sindical;
- princípio da liberdade associativa e sindical;
- princípio da preponderância do interesse coletivo sobre o individual;
- princípio da adequação setorial negociada;
- princípio da intervenção obrigatória dos sindicatos; e
- princípio da equivalência entre os negociantes.

Vejamos as características de cada um deles a seguir.

— 1.6.1 —
Princípio da unidade do direito individual e do direito coletivo do trabalho

De acordo com Oliveira (2015, p. 305), "o envolvimento existente entre o direito individual e o direito coletivo do trabalho é tão intenso que não se pode falar em autonomia de um ou de outro". E complementa:

> na realidade, o direito individual do trabalho, embora ocupe uma posição maior dentro do Direito do Trabalho, envolvendo todas as relações de trabalho, se completa com o direito coletivo que tem em seu conteúdo programático a possibilidade peculiar legislativa que tem por escopo completar determinado vácuo deixado pelo legislador. (Oliveira, 2015, p. 305)

Diante da explanação, conclui que "o direito coletivo foi inspirado nas constantes mutações que permeiam o ambiente de trabalho, norteado pela ideia de garantir aos grupos sociais a harmonia e a conciliação de interesses muitas vezes antagônicos, mediante a realização de uma justiça social" (Oliveira, 2015, p. 305). Assim, segundo o autor, "a unidade e a autonomia do Direito do Trabalho se firmam pela proximidade das duas vertentes (individual e coletivo) e pela singularidade com que se apresenta o Direito Material do Trabalho" (Oliveira, 2015, p. 305).

— 1.6.2 —
Princípio da liberdade sindical

O princípio da liberdade sindical é considerado "a espinha dorsal do Direito Coletivo representado por um Estado Social e democrático de direito. É um direito subjetivo público que veda a intervenção do Estado na criação ou funcionamento do sindicato" (Cassar, 2018, p. 1.241).

A definição de liberdade sindical, segundo Brito Filho (2019, p. 79), consiste:

> no direito dos trabalhadores (em sentido genérico) e empregadores de constituir as organizações sindicais que reputarem convenientes, na forma que desejarem, ditando suas regras de funcionamento e ações que devam ser empreendidas, podendo nelas ingressar ou não, permanecendo enquanto for sua vontade.

Para a Organização Internacional do Trabalho (OIT, 2021b), o princípio fundamental do direito sindical é o da liberdade sindical, segundo o qual os trabalhadores e os empregadores podem unir-se em associação, especificando as condições de administração e as formas de atuação.

Segundo o art. 2º da Convenção n. 87, da OIT (2021b), não ratificada pelo Brasil, "Os trabalhadores e os empregadores, sem distinção de qualquer espécie, terão direito de constituir, sem autorização prévia, organizações de sua escolha, bem como o direito de se filiar a essas organizações, sob a única condição de se conformar com os estatutos das mesmas"[1].

1.6.3
Princípio da liberdade associativa e sindical

O princípio da liberdade de associação assegura a liberdade de reunião e a associação pacífica de um grupo de pessoas, agregadas por objetivos comuns, não necessariamente ligadas em função de interesses econômicos ou profissionais. Os direitos de reunião pacífica e de associação sem caráter paramilitar estão previstos na Constituição Federal (Brasil, 1988, art. 5º, XVI e XVII).

Tal princípio, portanto, garante a faculdade dos empregadores e dos obreiros

> de organizarem e constituírem livremente seus sindicatos, sem que sofram qualquer interferência ou intervenção do Estado, objetivando a defesa dos interesses e direitos coletivos ou individuais da categoria, seja ela econômica (patronal), seja profissional (dos trabalhadores), inclusive em questões judiciais ou administrativas. (Brito Filho, 2019, p. 37)

---

[1] Desse princípio maior decorrem os seguintes subprincípios: a) princípio da liberdade de associação; b) princípio da liberdade de organização; c) princípio da liberdade de administração; d) princípio da não interferência externa; e) princípio da liberdade de atuação; e) princípio da liberdade de filiação e desfiliação (Santos, 2019).

A liberdade sindical materializa-se em dois sentidos de atuação, a saber:

1. **Liberdade sindical individual**: "faculdade que o empregador e o trabalhador, individual e livremente, possuem de filiar-se, manter-se filiado ou mesmo desfiliar-se do sindicato representativo da categoria (Brasil, 1988, art. 5º, XX, e art. 8º, V)" (Brito Filho, 2019, p. 82).
2. **Liberdade sindical coletiva**: "possibilidade que possuem os empresários e trabalhadores agrupados, unidos por uma atividade comum, similar ou conexa, de constituir, livremente, o sindicato representante de seus interesses (Brasil, 1988, art. 5º, XVIII, e art. 8º, caput)" (Brito Filho, 2019, p. 83).

— 1.6.4 —
Princípio da preponderância do interesse coletivo sobre o individual

O interesse coletivo prevalece sobre o interesse meramente individual, sendo possível, em determinadas situações, em nome da manutenção da saúde da empresa e dos empregos, a negociação coletiva para suprimir, flexibilizar ou alterar direitos antes garantidos.

O princípio da preponderância do interesse coletivo sobre o individual é o fundamento do direito coletivo que "se preocupa com a melhoria da condição social do trabalhador. Para tanto, a vontade da maioria prevalece sobre os interesses da minoria" (Cassar, 2018, p. 1.242).

Do presente princípio decorre o **princípio do pacto social**, que, conforme o próprio nome indica, busca saídas para as crises sociais; daí o alargamento de seu objetivo, que não se reduz a tratativas trabalhistas entre empregado e empregador. O pacto social

> busca, quase sempre, uma tomada de posição para superação de crises que envolvem o Estado como um todo, mas poderá insinuar-se em sede setorial, como no setor da indústria automobilística, no setor de autopeças, na agricultura, ou mesmo na própria economia, com dificuldades na balança comercial e exportação, premida pela crise internacional. (Oliveira, 2015, p. 308)

O princípio da preponderância do interesse coletivo sobre o individual visa, essencialmente, à melhoria das relações entre empregados e empregadores, evitando-se a judicialização das negociações.

— 1.6.5 —
Princípio da adequação setorial negociada

O princípio da adequação setorial negociada "trata das possibilidades e limites jurídicos da negociação coletiva. Ou seja, os critérios de harmonização entre as normas jurídicas oriundas da negociação coletiva (mediante a consumação do princípio da criatividade) e as normas jurídicas provenientes da legislação heterônoma estatal" (Delgado, 2020, p. 1.605).

A finalidade da negociação coletiva é

> adequar os direitos trabalhistas a cada categoria, de acordo com a região, época, situação econômica, empresa, condições de trabalho, etc. [...] [subdivide-se] em: **normas de indisponibilidade absoluta** (não podem ser reduzidas ou excluídas); **normas de indisponibilidade relativa** (podem ser alteradas desde que mantenham a sua essência). (Cassar, 2018, p. 1.243, grifo nosso)

Esclarece Delgado (2020, p. 1.606): "é princípio novo na história justrabalhista do País exatamente porque apenas nos últimos anos (a contar a Constituição de 1988) é que surgiu a possibilidade de ocorrência dos problemas por ele enfrentados". Complementa, ainda, que, "embora ainda não universalizado na doutrina, deriva ele do critério geral interpretativo que se tem percebido na prática dos tribunais, quando enfrentando o dilema das relações entre normas trabalhistas negociadas e a normatividade heterônoma do Estado" (Delgado, 2020, p. 1.606).

— 1.6.6 —
Princípio da intervenção obrigatória dos sindicatos

Para "a validade da negociação coletiva, o ordenamento jurídico exige a intervenção obrigatória dos sindicatos (art. 8º, III e VI, da CF/88 c/c art. 611 da CLT)" (Brito Filho, 2019, p. 38).

O referido princípio

> visa assegurar a existência de efetiva equivalência entre os sujeitos contrapostos, evitando a negociação informal do empregador com grupos coletivos obreiros estruturados apenas de modo episódico, eventual, sem a força de uma institucionalização democrática como a propiciada pelo sindicato [com garantias especiais de emprego, transparência negocial, etc.]. (Delgado, 2020, p. 1.595).

Pelo presente princípio, fica evidente a importância da participação do sindicato nas negociações para que ocorra a equivalência entre os participantes na negociação.

— 1.6.7 —
Princípio da equivalência entre os negociantes

Os sindicatos da "categoria econômica e profissional possuem, em princípio, equivalência jurídica e econômica nas negociações coletivas. A equivalência no sentido de igualdade entre as partes, facilitando assim as negociações" (Cassar, 2018, p. 1.254).

Esclarece Delgado (2020, p. 1597), com relação à equivalência entre os negociantes, que, de forma indiscutível,

> essa natureza coletiva dos sindicatos deve ser real, ao invés de mera formalidade ilusória. Nessa medida, os sindicatos de trabalhadores têm de ostentar solidez e consistência, com

estrutura organizativa relevante, além de efetiva representatividade no que diz respeito à sua base profissional trabalhista.

Delgado (2020, p. 1.598) alerta ainda que o "aspecto essencial a fundamentar o presente princípio é a circunstância de contarem os dois seres contrapostos (até mesmo o ser coletivo obreiro) com instrumentos eficazes de atuação e pressão".

— 1.7 —
Princípios regentes das relações coletivas

Neste tópico, analisamos os mais importantes princípios que regem as relações resultantes de todo o sistema material e processual do direito coletivo (mesmo porque a doutrina não é uniforme em sua relação), haja vista a necessidade de efetivação da tutela coletiva trabalhista, a saber:

- princípio da paz social;
- princípio da boa-fé ou da lealdade;
- princípio do acesso à Justiça;
- princípio da atuação de terceiros;
- princípio da máxima prioridade da tutela jurisdicional coletiva;
- princípio da máxima efetividade do processo coletivo; e
- princípio da ampla informação da demanda à sociedade.

Nas palavras de Delgado (2020, p. 1.603), os princípios regentes "tratam das relações e efeitos entre as normas produzidas pelo Direito Coletivo – por intermédio da negociação coletiva – e as normas heterônomas tradicionais do próprio Direito Individual do Trabalho".

— 1.7.1 —
Princípio da paz social

Por meio da negociação coletiva bem-sucedida, ao solucionar o conflito, os interessados restabelecem o equilíbrio social, a paz social. Explica Santos (2015, p. 113) que, apesar de este princípio parecer

> um elemento de segundo plano na negociação coletiva, será, na verdade, o objetivo mais depurado a que seu êxito poderá levar. Por isso, a paz social deve ser olhada não apenas sob esse aspecto culminante, mas como um fator de trégua dos interlocutores para a boa discussão de seu conflito.

Para Cassar (2018, p. 1.243), o princípio da paz social, também, denominado *princípio da busca do equilíbrio social*, decorre do fato de que

> por se tratar de lide entre dois agentes sociais com interesses antagônicos, que se chocam – capital e trabalho, com evidente desigualdade jurídica e patrimonial, a negociação coletiva tem como finalidade buscar o equilíbrio desses dois lados desiguais da balança, pondo fim ao conflito e pacificando a coletividade.

Ao solucionar o conflito, os interessados restabelecem o equilíbrio social.

O princípio da paz social visa ao equilíbrio entre as partes (empregados e empregadores) para a boa solução dos conflitos coletivos.

— 1.7.2 —
Princípio da boa-fé ou da lealdade

O princípio da boa-fé ou da lealdade na negociação coletiva "revela a necessidade da lisura de condutas no procedimento negocial de todas as partes envolvidas" (Santos, 2019, p. 50).

Deve haver entre "os negociantes mútua colaboração e transparência nas tratativas. Torna-se necessária uma análise adequada das proposições do adversário, que retrate com fidelidade a situação real da empresa e das necessidades apontadas na pauta de reivindicações dos trabalhadores" (Cassar, 2018, p. 1.253).

O referido princípio, conforme Santos (2020, p. 50-51), "tem origem nas relações de consumo, através do art. 51, do Código de Defesa do Consumidor [Brasil, 1990], e encontra reforço no Código Civil [Brasil, 2002] mediante inúmeras disposições a respeito com destaque para o art. 187". O autor ainda complementa que "a transparência quanto às condições envolvidas na negociação coletiva se revela na responsabilidade social de se produzirem normas (e não meras cláusulas) que conduzem à necessidade de clareza quanto às condições objetivas e subjetivas" (Santos, 2020, p. 50-51).

— 1.7.3 —
Princípio do acesso à Justiça

O princípio do acesso à Justiça surge com a Declaração Universal dos Direitos Humanos, da ONU (1948), e em várias declarações outras de direitos humanos, constituindo-se, dessa forma, na norma base para a aplicação das demais normas de direito processual (Santos, 2018).

No sistema brasileiro, o referido princípio se encontra no art. 5º, inciso XXXV, da Constituição Federal de 1988, que diz: "a lei não excluirá da apreciação do Poder Judiciário lesão ou ameaça de direito" (Brasil, 1988). Pode ser chamado também de *princípio da inafastabilidade do controle jurisdicional* ou *princípio do direito de ação*.

O direito coletivo surgiu como mecanismo para garantir o acesso à Justiça de grupos sociais diante de situações que não encontravam proteção no Poder Judiciário.

> no sentido integral, acesso à justiça significa também acesso à informação e à orientação jurídica, e a todos os meios alternativos de composição de conflitos, pois o acesso à ordem jurídica justa é, antes de tudo, uma questão de cidadania. Trata-se da participação de todos na gestão do bem comum por meio do processo, criando o chamado paradigma da cidadania responsável. (Leite, 2015, p. 69)

Logo, o referido princípio tem um sentido amplo.

— 1.7.4 —
Princípio da atuação de terceiros

Quando a negociação coletiva "for frustrada, o impasse poderá ser resolvido por um terceiro, seja o Estado no exercício do Poder Normativo, seja um terceiro, mediador ou árbitro, livremente escolhido pelas partes (art. 114, § 1º e § 2º, da CF/88)" (Cassar, 2018, p. 1.254).

Do referido princípio decorre o dever de negociar, "como se depreende do art. 114, parágrafo 2º, da Constituição Federal e, de forma mais expressa, do art. 616, *caput*, da CLT" (Brito Filho, 2019, p. 171), ou seja, sendo infrutífera, inexistente ou mesmo ocorrendo "a recusa ao cumprimento deste dever acarreta, somente, com a recusa também à arbitragem, a possiblidade de se ajuizar dissídio coletivo" e, inexistindo consenso das partes neste ajuizamento, surge a participação do terceiro Ministério Público na instauração do dissídio coletivo.

— 1.7.5 —
Princípio da máxima prioridade da tutela jurisdicional coletiva

O referido princípio decorre do fato de que, em um instrumento de tutela de direitos coletivos, normalmente se envolvem temas de abrangência social e econômica, não somente para uma categoria profissional e econômica, mas também para a sociedade em que estão inseridos, exigindo, assim, que os dissídios coletivos sejam examinados e julgados com a máxima prioridade possível (Santos, 2018).

Ainda, de acordo com Santos (2018, p. 22), o art. 8º da CLT estabelece

> a supremacia do interesse público e do social em face do interesse individual ou de grupos, o que também vem insculpido no art. 5º, § 1º, da CF/88, que estatui a aplicabilidade imediata das normas definidoras de direitos e garantias fundamentais. Portanto, o Poder Judiciário deve seguir estes postulados nucleares de efetividade útil do processo no sentido de dar máxima prioridade no trâmite e no julgamento das lides coletivas.

O princípio da máxima prioridade da tutela jurisdicional traz, em seu bojo, o conceito de máxima eficiência da administração do Estado, representado pelo Poder Judiciário.

— 1.7.6 —
Princípio da máxima efetividade do processo coletivo

De acordo com o referido princípio, a Justiça, quando das decisões que toma em termos de dissídio coletivo, deve fazer com que se produzam e se atinjam os efeitos almejados pela sociedade de forma mais ampla e efetiva possível (Santos, 2018).

O princípio da máxima efetividade do processo coletivo complementa o da prioridade, visto que não basta o Poder Judiciário dar prioridade ao trâmite dos julgamentos que envolvem direitos coletivos, sem que as decisões também reflitam os anseios dos jurisdicionados com a realização e a concretização imediata dos direitos almejados.

— 1.7.7 —
Princípio da ampla informação da demanda à sociedade

O princípio da ampla informação decorre do fato de que o direito coletivo, normalmente, envolve matéria de interesse público, razão pela qual os interessados diretos – trabalhadores, sindicatos e empregadores – devem ter pleno acesso às informações da demanda, mesmo porque estas devem: primeiro, informar à sociedade sobre a possibilidade de existência de conflitos sociais; e, segundo, prevenir e preparar quanto a possíveis futuros litígios (Santos, 2018).

Com relação à ampla informação, explica Santos (2018, p. 29, grifo nosso) que as informações apresentam duplo objetivo:

> a) **pedagógico**: além de informar à sociedade o que está sendo feito pelos órgãos públicos no sentido de pacificar os conflitos sociais, serve para mitigar futuros litígios da espécie, já que infratores se preocuparão não apenas com as repercussões negativas midiáticas em relação à sua imagem e à sua reputação no mercado, como também pelos efeitos pecuniários das multas e indenizações por dano moral coletivo; b) **preventivo e reparatório**: além de prevenir futuros litígios em relação a outros potenciais infratores que tomarão ciência do Poder Público em

relação a casos semelhantes, tem efeito reparatório, pois a sociedade como um todo é beneficiada com os valores arrecadados, oriundo das multas pecuniárias que são destinadas principalmente às entidades filantrópicas que cuidam de crianças, jovens, adolescentes, deficientes e idosos.

Quadro 1.5 – Sinopse dos princípios fundamentais e regentes do direito coletivo do trabalho

PRINCÍPIOS	
FUNDAMENTAIS	REGENTES
Unidade do direito individual e coletivo	Paz social
Liberdade sindical	Boa-fé ou lealdade
Liberdade associativa e sindical	Acesso à Justiça
Preponderância do interesse coletivo sobre o individual	Atuação de terceiros
Adequação setorial negociada	Máxima prioridade da tutela jurisdicional coletiva
Intervenção obrigatória dos sindicatos	Máxima efetividade do processo coletivo
Equivalência entre os negociantes	Ampla informação da demanda à sociedade

— 1.8 —

Liberdade sindical

O estudo da liberdade sindical traz a lume assunto provocativo, haja vista que envolve o conceito democrático de liberdade, no caso, liberdade de associação e de manifestação, razão pela qual passamos a analisar o conceito do instituto da liberdade sindical no setor público.

A Constituição de 1988, em seu art. 8º, estabelece que "é livre a associação profissional ou sindical", bem como no art. 5º, incisos XVII a XXI, assegura a liberdade de associação, vedando, porém, as associações de caráter militar (Brasil, 1988).

Dispõe a Constituição Federal de 1988:

> Art. 5º Todos são iguais perante a lei, sem distinção de qualquer natureza, garantindo-se aos brasileiros e aos estrangeiros residentes no País a inviolabilidade do direito à vida, à liberdade, à igualdade, à segurança e à propriedade, nos termos seguintes: [...]
>
> XVII - é plena a liberdade de associação para fins lícitos, vedada a de caráter paramilitar;
>
> XVIII - a criação de associações e, na forma da lei, a de cooperativas independem de autorização, sendo vedada a interferência estatal em seu funcionamento;
>
> XIX - as associações só poderão ser compulsoriamente dissolvidas ou ter suas atividades suspensas por decisão judicial, exigindo-se, no primeiro caso, o trânsito em julgado;
>
> XX - ninguém poderá ser compelido a associar-se ou a permanecer associado;
>
> XXI - as entidades associativas, quando expressamente autorizadas, têm legitimidade para representar seus filiados judicial ou extrajudicialmente;
>
> [...]

Art. 8º É livre a associação profissional ou sindical, observado o seguinte:

I – a lei não poderá exigir autorização do Estado para a fundação de sindicato, ressalvado o registro no órgão competente, vedadas ao Poder Público a interferência e a intervenção na organização sindical;

II – é vedada a criação de mais de uma organização sindical, em qualquer grau, representativa de categoria profissional ou econômica, na mesma base territorial, que será definida pelos trabalhadores ou empregadores interessados, não podendo ser inferior à área de um Município;

III – ao sindicato cabe a defesa dos direitos e interesses coletivos ou individuais da categoria, inclusive em questões judiciais ou administrativas;

IV – a assembleia geral fixará a contribuição que, em se tratando de categoria profissional, será descontada em folha, para custeio do sistema confederativo da representação sindical respectiva, independentemente da contribuição prevista em lei;

V – ninguém será obrigado a filiar-se ou a manter-se filiado a sindicato; [...]. (Brasil, 1988)

A liberdade sindical consiste na faculdade dos empregadores e dos obreiros de se organizarem e constituírem livremente seus sindicatos, sem que sofram qualquer interferência ou intervenção do Estado, cujo objetivo é a defesa dos interesses e direitos coletivos ou individuais da categoria, seja econômica (patronal), seja profissional (dos trabalhadores), inclusive em questões judiciais ou administrativas.

Conforme explica Barros (2017, p. 799), a liberdade sindical constitui o alicerce "sobre o qual se constrói o edifício das relações coletivas de trabalho com características próprias"; ela se "sobrepõe ao indivíduo isolado e implica restrições à liberdade individual, quando submete esse homem isolado à deliberação do homem-massa que é a assembleia".

Esclarece Brito Filho (2019) que, em relação à liberdade sindical, o Brasil, com base na Constituição Federal de 1988, passou a adotar o sistema sindical híbrido, em que existem a liberdade de associação e administração e as restrições à liberdade de organização, de exercício das funções e de filiação e desfiliação.

A liberdade sindical pode ser classificada em:

- **Liberdade sindical coletiva**, que envolve liberdade de associação, liberdade de organização, liberdade de administração e liberdade de exercício das funções sindicais.
- **Liberdade sindical individual**, que está diretamente relacionada à condição de empregados e empregadores do livre exercício de associação profissional ou sindical, podendo participar e, até mesmo, criar organizações sindicais (Santos, 2019).

— 1.8.1 —
Liberdade sindical
e manifestação de liberdade

A liberdade sindical está diretamente relacionada com a liberdade de trabalhar, visto que é por meio do sistema sindical que o trabalhador pode exercer a exigência do cumprimento de regras em prol da segurança no trabalho e ao trabalho, ou seja, a liberdade sindical encerra um mecanismo de efetivação dos direitos de proteção ao livre exercício das atividades laborativas.

Conforme salienta Pinto (1998, p. 78), vê-se "a liberdade sindical encerrada num círculo protetor que compreende a liberdade de trabalhar, a liberdade de associar-se, a liberdade de organizar-se, a liberdade de administrar-se, a liberdade de atuar e a liberdade de filiar-se".

O autor caracteriza esses princípios "como convergentes, no sentido de que afluem para um estuário comum, o da própria liberdade, no intuito de dar conteúdo consistente ao centro vaporoso que seu conceito, isoladamente nos oferece", definindo-os como complementares, "porque completam o sentido abstrato da liberdade com um revestimento concreto e resistente. O exame pormenorizado de cada um desses modos de manifestação da liberdade sindical torna-se indispensável à exata compreensão dos fundamentos do sindicalismo por eles constituído" (Pinto, 1998, p. 78).

Assim, Pinto (1998, p. 78) conclui "haver princípios convergentes de configuração individual, porque dirigidos à pessoa do trabalhador, ao lado de outros, de configuração coletiva, porque voltados para a coletividade de trabalhadores que, organizada, dá lugar à noção de categoria".

— 1.8.2 —
Liberdade sindical no setor público

Semelhante ao setor privado, em linhas gerais,

> o direito de sindicalização no setor público passou pela fase de restrição total (proibição absoluta), por outra de tolerância (proibição atenuada), geralmente abrangendo apenas aqueles servidores ligados a atividades econômicas e até chegar na sua admissibilidade (reconhecimento genérico), com vedação a algumas categorias, por exemplo: polícia e forças armadas. (Jorge Neto; Cavalcante, 2015, p. 1.302)

Atualmente, essa questão está superada: é garantido constitucionalmente o direito de sindicalização do servidor público civil. A Constituição de 1988 assegura a plena liberdade de associação para fins lícitos, vedada a de caráter paramilitar (Brasil, 1988, art. 5º, XVII). Com relação ao servidor público estatutário, a previsão se encontra no art. 37, inciso VI, da Constituição.

Ressaltamos que a Constituição de 1988 veda ao servidor público militar das Forças Armadas a sindicalização e a greve (Brasil, 1988, art. 42, § 1º, e art. 142, § 3º, IV).

Aos empregados públicos, a liberdade sindical está disciplinada no art. 8º da Constituição Federal. Nesse caso, "o sistema é semelhante ao da iniciativa privada, sofrendo limitações apenas quanto à celebração de acordos e convenções coletivas de trabalho quando o empregador for a Administração (direta, autárquica e fundacional)", conforme estudos de Jorge Neto e Cavalcante (2015, p. 1.302). Isso significa que não existe restrição alguma quanto às empresas públicas, às sociedades de economia mista e a suas subsidiárias, salvo aquelas expressamente previstas pela Constituição Federal (Brasil, 1988, art. 37, § 9º).

Normas internacionais direcionadas à negociação coletiva no setor público

A OIT (2021a, 2021b, 2021c) adota diversas convenções direcionadas à negociação coletiva não somente para os trabalhadores em geral (privados), mas também para os da Administração Pública (servidores), tais como:

- Convenção OIT n. 87, de 1948, que versa sobre liberdade sindical e proteção ao direito de sindicalização (ainda não ratificada pelo Brasil).

- Convenção OIT n. 98, de 1949, ratificada pelo Brasil em 1952, estatui que os trabalhadores, inclusive os da Administração Pública, devem usufruir de proteção adequada contra quaisquer atos atentatórios à liberdade sindical e de negociação.
- Convenção OIT n. 151, de 1978, que versa sobre direito de sindicalização e relações de trabalho na Administração Pública; ratificada pelo Brasil em 2010, estipula, em seu art. 1º, que tal Convenção "deverá ser aplicada a todas as pessoas empregadas pela administração pública, na medida em que não lhes forem aplicáveis disposições mais favoráveis de outras Convenções Internacionais do Trabalho" (OIT, 2021a).
- Convenção OIT n. 154, de 1981, ratificada pelo Brasil em 1992, fomenta a negociação coletiva de trabalho, aplicando-se a todos os ramos de atividade econômica e profissional, inclusive para a Administração Pública. No referido documento, há previsão para que sejam adotadas medidas de estímulo à negociação coletiva, com ampla possibilidade de aplicação.
- Recomendação n. 163, da OIT, de 1981, que versa sobre a promoção da negociação coletiva, para os empregadores públicos e privados.

Capítulo 2

Sistema da organização sindical

No que diz respeito à estrutura, a atual organização sindical brasileira adota o sistema confederativo de representação sindical. Como concebido e imposto, apresenta estrutura de forma piramidal: na base encontram-se os sindicatos, no centro estão as federações e no topo aparecem as confederações e as centrais sindicais, tendo como fundamento estrutural a unicidade sindical, a base territorial mínima e a representação por categoria.

Figura 2.1 – Sistema piramidal

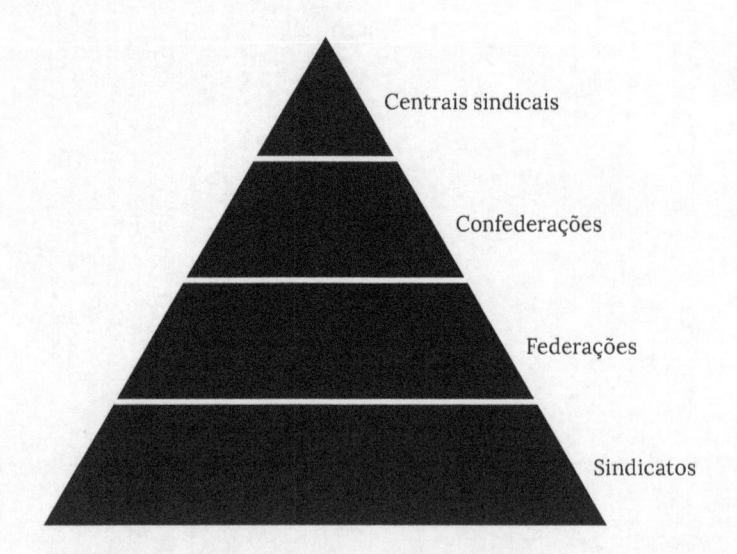

[Pirâmide com quatro níveis, do topo para a base: Centrais sindicais; Confederações; Federações; Sindicatos.]

Com relação ao sistema piramidal, esclarece Hinz (2012, p. 61), "de acordo com esse princípio confederativo, e diferentemente do que muitos entendem, não há hierarquia entre os três entes, mas sim uma relação de coordenação".

Cada entidade sindical, como pessoa jurídica de direito privado que é, dispõe de autonomia para realizar as atividades que entenda necessárias para bem cumprir seu papel ante seus representados (Hinz, 2012).

— 2.1 —
Unicidade sindical

Além da estrutura piramidal, também é preciso respeitar seu agrupamento, que ocorre por critério de homogeneidade, decorrente da unicidade sindical, sistema este em que há uma única entidade representativa dos trabalhadores, segundo a forma de representação adotada (por categoria, base territorial, profissão ou empresa) (Santos, 2019).

Diante do disposto no art. 516 da Consolidação das Leis do Trabalho (CLT), o Brasil adota o sistema da unicidade sindical em nível confederativo, ou seja, é vedada "a criação de mais de um sindicato na mesma base territorial e dentro da mesma esfera de representatividade" (Nascimento; Nascimento, 2015, p. 195). O art. 516 da CLT dispõe: "Não será reconhecido mais de um Sindicato representativo da mesma categoria econômica ou profissional, ou profissão liberal, em uma dada base territorial" (Brasil, 1943).

Em razão da aplicação do sistema de unicidade sindical, "não é possível a representação de trabalhadores de categoria já organizada em sindicato por outra entidade sindical, devendo o regime de monopólio ser aceito e defendido, ainda que não seja a melhor opção" (Brito Filho, 2019, p. 87).

— 2.2 —
Base territorial mínima

Outro critério a ser observado, de acordo com o texto constitucional, é o da base territorial mínima, que é delimitada pelos interessados, devendo ser, pelo menos, igual a um município.

Disciplina a Constituição Federal de 1988:

> Art. 8º É livre a associação profissional ou sindical, observado o seguinte:
>
> [...]
>
> II – é vedada a criação de mais de uma organização sindical, em qualquer grau, representativa de categoria profissional ou econômica, na mesma base territorial, que será definida pelos trabalhadores ou empregadores interessados, não podendo ser inferior à área de um Município. (Brasil, 1988)

Por sua vez, estabelece a CLT:

> Art. 516. Não será reconhecido mais de um Sindicato representativo da mesma categoria econômica ou profissional, ou profissão liberal, em uma dada base territorial.

Art. 517. Os sindicatos poderão ser distritais, municipais, intermunicipais, estaduais e interestaduais. Excepcionalmente, e atendendo às peculiaridades de determinadas categorias ou profissões, o ministro do Trabalho, Indústria e Comércio poderá autorizar o reconhecimento de sindicatos nacionais. (Brasil, 1943)

Na ótica de Brito Filho (2019, p. 87), trata-se de um avanço e um retrocesso, ou seja, "um avanço por não mais poder o Ministro do Trabalho impor a base territorial dos sindicatos, o que era feito anteriormente", conforme determinado no art. 517, parágrafo 1º, da CLT (Brasil, 1943), e um retrocesso quando

> é praticamente anulada pela unicidade sindical, pois a livre vontade fica condicionada à inexistência, na base pretendida, de outra entidade sindical que reúna o mesmo grupo, profissional ou econômico [...] um retrocesso, por ter sido ampliada a base territorial mínima, de distrital para municipal. Neste caso, observe-se, já havia a restrição, considerando-se o retrocesso a ampliação em si. (Brito Filho, 2019, p. 87)

— 2.3 —

Representação por categoria

A sindicalização por categorias está prevista no art. 8º, inciso II, da Constituição Federal e, segundo Brito Filho (2019, p. 89), "é mais uma das amarras postas em nosso ordenamento jurídico que impede a adoção da plena liberdade sindical".

A sindicalização por categorias pressupõe a união de pessoas em sindicato, desde que existam traços comuns, de profissão ou atividade, portanto, *categoria* pode ser definida "como o conjunto de pessoas que, por força de seu trabalho ou de sua atividade, possuem interesses comuns, formando um vínculo social básico" (Brito Filho, 2019, p. 89).

As regras de sindicalização por categoria estão dispostas no art. 511, parágrafos 1º a 4º, da CLT (Brasil, 1943). As categorias no setor privado formam-se conforme os seguintes critérios de homogeneidade: identidade (atividades ou profissões idênticas), similaridade (atividades semelhantes) e conexidade (atividades que se complementam).

No setor público, a formação das categorias obedece, também, à atividade, considerada, no caso, a condição do ente público tomador do serviço. Dispõe a CLT:

> Art. 511. É lícita a associação para fins de estudo, defesa e coordenação dos seus interesses econômicos ou profissionais de todos os que, como empregadores, empregados, agentes ou trabalhadores autônomos ou profissionais liberais exerçam, respectivamente, a mesma atividade ou profissão ou atividades ou profissões similares ou conexas. (Redação restabelecida pelo Decreto-lei nº 8.987-A, de 1946)
>
> § 1º A solidariedade de interesses econômicos dos que empreendem atividades idênticas, similares ou conexas, constitui o vínculo social básico que se denomina categoria

econômica. (Redação restabelecida pelo Decreto-lei nº 8.987-A, de 1946)

§ 2º A similitude de condições de vida oriunda da profissão ou trabalho em comum, em situação de emprego na mesma atividade econômica ou em atividades econômicas similares ou conexas, compõe a expressão social elementar compreendida como categoria profissional. (Redação restabelecida pelo Decreto-lei nº 8.987-A, de 1946)

§ 3º Categoria profissional diferenciada é a que se forma dos empregados que exerçam profissões ou funções diferenciadas por força de estatuto profissional especial ou em consequência de condições de vida singulares. (Redação restabelecida pelo Decreto-lei nº 8.987-A, de 1946)

§ 4º Os limites de identidade, similaridade ou conexidade fixam as dimensões dentro das quais a categoria econômica ou profissional é homogênea e a associação é natural. (Brasil, 1943)

Analisados os aspectos da organização e as formas de representação sindical, vamos agora para o estudo das entidades sindicais.

— 2.4 —
Sindicatos: origem e conceito

Os sindicatos surgiram com a Revolução Industrial, quando os obreiros perceberam que precisavam conjugar esforços para lutar por melhores condições de trabalho.

São as associações sindicais de primeiro grau compostas por pessoas físicas e jurídicas, tendo como base territorial de atuação a área correspondente a um município ou superior. Visam defender os interesses de uma categoria econômica ou profissional.

Nascimento e Nascimento (2015, p. 24) observam:

> os sindicatos no Brasil já foram pessoas jurídicas de direito público no Estado Novo. A Constituição de 1946, atribui-lhes funções delegadas de Poder Público, mas, apesar dessas atribuições, tornaram-se pessoas jurídicas de direito privado porque não são criados pelo Estado, a sua criação não decorre de lei e o seu ato constitutivo é a assembleia que aprova os estatutos, a diretoria provisória e a sua fundação.

O sindicato de pessoas físicas representa os trabalhadores e forma a **categoria profissional**. O sindicato das pessoas jurídicas representa os empresários e forma a **categoria econômica**.

A Constituição da República fixa a categoria profissional como elemento referencial para a representação dos sindicatos obreiros (Brasil, 1988, art. 8º, II). Entretanto, não concretiza, explicitamente, o conceito jurídico de categoria. No direito brasileiro, esse conceito é dado pelo art. 511, parágrafo 2º, da CLT (conceito de categoria profissional), e parágrafo 3º do mesmo dispositivo (conceito de categoria profissional diferenciada) (Brasil, 1943).

O sindicato da categoria profissional representa os interesses dos empregados nos âmbitos coletivo e individual. O sindicato da categoria econômica representa os interesses dos empresários no campo coletivo, apenas (Santos, 2019).

Os sindicatos que representam os interesses dos trabalhadores se organizam, em regra, por categoria, e não por profissão. Deve existir, portanto, um sindicato representativo da categoria profissional para cada sindicato correspondente à categoria econômica (paralelismo sindical).

O art. 511, parágrafo 2º, da CLT (Brasil, 1943), ao "conceituar categoria profissional, incluiu os trabalhadores que se encontravam em situação de emprego na mesma atividade econômica, mesmo que exercessem profissões e funções distintas" (Santos, 2019, p. 61).

A exceção consiste na denominada **categoria diferenciada** (art. 511, § 3º, da CLT), pois esses trabalhadores **não serão enquadrados segundo a atividade** preponderante do empregador, mas sim em razão da profissão ou da função diferenciada por força de estatuto (Brasil, 1943).

Até a Constituição Federal de 1988, as partes não podiam constituir livremente categoria diferenciada, as quais deveriam estar relacionadas no quadro de atividades e profissões (art. 570 c/c 577 da CLT) proposto pela antiga Comissão de Enquadramento Sindical e referendadas pelo ministro do Trabalho.

De acordo com Oliveira (2015, p. 344),

> o sindicato tem como fim principal realizar os supremos objetivos da comunidade, não tanto como parte integrante do organismo estatal, nem como mero instrumento de sua

política social econômica, mas como parte da sociedade que integra e para evitar o seu estancamento e melhorar a condição social de seus membros.

O sindicato é formado pela assembleia geral, o conselho fiscal e a diretoria. A administração será exercida pela diretoria, constituída, no máximo, de 7 e, no mínimo, de 3 membros e de um conselho fiscal, composto por 3 membros, todos, segundo o art. 522 da CLT, devem ser eleitos (Brasil, 1943).

O pedido de reconhecimento da entidade sindical é disciplinado pela Portaria n. 186, de 10 de abril de 2008, alterada pela Portaria n. 326, de 1º de março de 2013, ambas do Ministério do Trabalho e Emprego (MTE, 2008, 2013).

— 2.4.1 —
Natureza jurídica e representação do sindicato

Até a Emenda Constitucional n. 1, de 17 de outubro de 1969, era possível afirmar que o sindicato tinha personalidade jurídica de direito público, pois exercia função delegada pelo Estado (Brasil, 1969). Com a atual Constituição, porém, a natureza jurídica do sindicato é de associação privada, autônoma e coletiva. Em outras palavras, atualmente, no Brasil, o sindicato é considerado uma pessoa jurídica de direito privado, uma vez que não há possibilidade de nele haver interferência ou intervenção, em razão da própria proibição imposta pela Carta Magna (Brasil, 1988, art. 8º, I).

Conforme esclarecem Jorge Neto e Cavalcante (2015, p. 1.309-1.310),

> vários eram os enfoques dados à natureza jurídica do sindicato, principalmente, quando se verificavam os requisitos para a aquisição da personalidade jurídica. Destaca-se: (a) aqueles que o consideravam como pessoa jurídica de Direito Privado; (b) pessoas de Direito Privado que exercem atribuições de interesse público; (c) pessoa jurídica de Direito Público; e (d) pessoa jurídica de Direito Social.

Atualmente, conforme já mencionamos, o sindicato é visto como pessoa jurídica de direito privado, não havendo interferência do Estado (Brasil, 1988, art. 8º, I), a associação é livre (Brasil, 1988, art. 5º, XX, art. 8º), apresentando estrutura associativa.

O sindicato perante o Judiciário

O sindicato, "de acordo com o que dispõe o art. 5º da Constituição Federal de 1988, possui mecanismos processuais para atuar perante a jurisdição, ou seja, pode ingressar com ações próprias de interesse coletivo (ex.: o mandado de segurança coletivo – art. 5º, LXX, "b"), bem como de interesses individuais (art. 513, da CLT)"

(Nascimento; Nascimento, 2015, p. 336). Em razão do disposto no art. 8º, inciso III, da Constituição Federal de 1988, surgem, de acordo com Nascimento e Nascimento (2015, p. 336), "três posições quanto à legitimação processual do sindicato para atuar, na qualidade de substituto processual, ou seja: a) substituição ampla e geral; b) substituição seletiva; e c) representação processual".

> [A] primeira – substituição ampla e geral – a mera indicação das funções do sindicato já se faz suficiente para a legitimação processual; a segunda – substituição seletiva – exige um comando e a especificação do substituto processual para o exercício em juízo; e a terceira – representação processual – está calcado na exigência prévia de autorização do interessado para a defesa de seus interesses em juízo. (Nascimento; Nascimento, 2015, p. 336)

Observamos, pelo disposto na norma constitucional, que o sindicato tem legitimidade, perante o Poder Judiciário, para atuar na defesa de direitos coletivos.

— 2.5 —
Entidades de segundo grau ou de cúpula

Nesta seção, vamos tratar das entidades de segundo grau na organização sindical brasileira, também denominadas *entidades de cúpula*, a saber:

- federações;
- confederações; e
- centrais sindicais.

— 2.5.1 —
Federações

Federações são as entidades de grau superior, também denominadas *entidades de segundo grau* (art. 534, CLT), formadas pela organização de cinco ou mais sindicatos de determinada categoria profissional ou econômica, normalmente estadual.

Conforme art. 534 da CLT, "É facultado aos Sindicatos, quando em número não inferior a 5 (cinco), desde que representem a maioria absoluta de um grupo de atividades ou profissões idênticas, similares ou conexas, organizarem-se em federação" (Brito Filho, 2019, p. 118). Brito Filho (2019, p. 117) explica que sua "natureza jurídica é a mesma dos sindicatos, ou seja, são pessoas jurídicas de direito privado, integrantes do gênero associação, com personalidade jurídica de Direito Sindical".

O objetivo principal é coordenar os interesses dos sindicatos a ela filiados, embora não os possa representar. Pode ainda a federação, de forma supletiva, representar, para fins de contratação coletiva, o ajuizamento de dissídio coletivo, representando trabalhadores e/ou empregadores, desde que isso ocorra na ausência de sindicato, ou seja, em relação às categorias não organizadas em sindicato.

— 2.5.2 —
Confederações

A confederação, conforme previsto no art. 535 da CLT, é a entidade de cúpula do sistema sindical, podendo representar organização sindical da categoria econômica ou profissional (Brasil, 1943).

As referidas entidades podem ser organizadas com a participação de, no mínimo, três federações, tendo sede em Brasília, com âmbito nacional. Seu objetivo é coordenar os interesses das federações, agrupando, nacionalmente, as atividades ou profissões. Portanto, conforme explica Brito Filho (2019), ao passo que a federação coordena interesses, via de regra, regionais, a confederação o faz nacionalmente. Da mesma forma que as federações, as confederações podem atuar supletivamente na defesa de interesses de trabalhadores e empregadores. Apenas nesse caso é necessário que, além de não existir sindicato representativo da categoria, não exista, também, federação que possa representá-la.

Atualmente, os pedidos de registro da federação e confederação são disciplinados administrativamente pelo art. 20 e seguintes da Portaria n. 186/2008 e da Portaria n. 326/2013 do Ministério do Trabalho e Emprego (MTE, 2008, 2013).

Conforme cita Magano (1990, p. 95), "em nosso sistema jurídico não é função principal das federações e confederações negociar convenções coletivas. Aparecerão nas negociações e nos dissídios coletivos para suprirem lacunas sindicais, cobrindo espaços em aberto, nos quais não há sindicato constituído".

Vejamos o que estabelece o art. 535 da CLT:

> Art. 535. As Confederações organizar-se-ão com o mínimo de 3 (três) federações e terão sede na Capital da República.
>
> § 1º As confederações formadas por federações de Sindicatos de empregadores denominar-se-ão: Confederação Nacional da Indústria, Confederação Nacional do Comércio, Confederação Nacional de Transportes Marítimos, Fluviais e Aéreos, Confederação Nacional de Transportes Terrestres, Confederação Nacional de Comunicações e Publicidade, Confederação Nacional das Empresas de Crédito e Confederação Nacional de Educação e Cultura.
>
> § 2º As confederações formadas por federações de Sindicatos de empregados terão a denominação de: Confederação Nacional dos Trabalhadores na Indústria, Confederação Nacional dos Trabalhadores no Comércio, Confederação Nacional dos Trabalhadores em Transportes Marítimos, Fluviais e Aéreos, Confederação Nacional dos Trabalhadores em Transportes Terrestres, Confederação Nacional dos Trabalhadores em Comunicações e Publicidade, Confederação Nacional dos Trabalhadores nas Empresas de Crédito e Confederação Nacional dos Trabalhadores em Estabelecimentos de Educação e Cultura.
>
> § 3º Denominar-se-á Confederação Nacional das Profissões Liberais a reunião das respectivas federações.

Dessa forma, as confederações, como entidades de cúpula, têm atuação no âmbito nacional.

— 2.5.3 —
Centrais sindicais

As centrais sindicais, que servem como órgãos superiores aos demais, com conotação tipicamente política, são entidades situadas acima das categorias profissionais e agrupam organizações situadas tanto em nível de sindicatos quanto em nível de federações ou confederações. Estão amparadas na liberdade associativa constitucional (Brasil, 1988, art. 5º, XVII, XVIII, XIX, XX, XXI).

As centrais sindicais, segundo Nascimento e Nascimento (2015, p. 193), são "a maior unidade representativa de trabalhadores na organização sindical. São entidades de cúpula. Situam-se na estrutura sindical, acima das confederações, federações e sindicatos".

Logo,

> representam outras organizações sindicais que a elas se filiam espontaneamente. São intercategoriais, expressando-se como um referencial de concentração da pirâmide sindical. Surgem em congressos de organizações interessadas ou institucionalmente – mas podem ser previstas em lei –, como uma necessidade natural, do mesmo modo como que são criados grupos econômicos. São organizações intercategoriais, numa linha horizontal, abrangentes de diversas categorias. Das mesmas, são aderentes, não os trabalhadores diretamente, mas as entidades de primeiro grau que os representam ou as de segundo grau que integram os sindicatos. Portanto, representam sindicatos, federações e confederações de mais de uma categoria. Atuam numa base territorial ampla, quase sempre, todo o país. (Nascimento; Nascimento, 2015, p. 193)

As centrais sindicais foram legalizadas pela Lei n. 11.648, de 31 de março de 2008, que entrou em vigor na data de sua publicação, em 1 de abril de 2008, precedida de exposição de motivos com destaque para os seguintes e principais aspectos:

> a) as suas atribuições, de coordenação e representação dos trabalhadores por meio de organizações sindicais a ela filiadas e a participação em fóruns, colegiados de órgãos públicos e demais espaços de diálogo social que possuam composição tripartite, nos quais estejam em discussão assuntos de interesse geral dos trabalhadores;
>
> b) a sua criação composta por organizações sindicais de trabalhadores e a sua natureza de entidade associativa de direito privado;
>
> c) os requisitos de representatividade autorizantes da sua criação como o número mínimo de entidades que a ela deverão filiar-se;
>
> d) a aferição dos seus índices de representatividade pelo Ministério do Trabalho e Emprego, órgão que anualmente os divulgará com a relação das Centrais com base no número de sindicatos às mesmas filiados;
>
> e) a recomposição de percentuais da contribuição de negociação com a parcela destinada ao financiamento das Centrais. (Brasil, 2008a).

Conforme se depreende da Lei n. 11.648/2008, as centrais sindicais "não concorrerão com os sindicatos ou comprometerão as prerrogativas de negociação coletiva destes porque o seu papel será representar e articular os interesses gerais dos trabalhadores, articulando-os de modo estratégico numa ação coletiva de maior importância" (Santos, 2019, p. 85)

Dispõe a Lei 11.648/2008:

> Art. 1º A central sindical, entidade de representação geral dos trabalhadores, constituída em âmbito nacional, terá as seguintes atribuições e prerrogativas:
>
> I – coordenar a representação dos trabalhadores por meio das organizações sindicais a ela filiadas; e
>
> II – participar de negociações em fóruns, colegiados de órgãos públicos e demais espaços de diálogo social que possuam composição tripartite, nos quais estejam em discussão assuntos de interesse geral dos trabalhadores.
>
> Parágrafo único. Considera-se central sindical, para os efeitos do disposto nesta Lei, a entidade associativa de direito privado composta por organizações sindicais de trabalhadores.
>
> Art. 2º Para o exercício das atribuições e prerrogativas a que se refere o inciso II do caput do art. 1o desta Lei, a central sindical deverá cumprir os seguintes requisitos:
>
> I – filiação de, no mínimo, 100 (cem) sindicatos distribuídos nas 5 (cinco) regiões do País;
>
> II – filiação em pelo menos 3 (três) regiões do País de, no mínimo, 20 (vinte) sindicatos em cada uma;
>
> III – filiação de sindicatos em, no mínimo, 5 (cinco) setores de atividade econômica; e

IV – filiação de sindicatos que representem, no mínimo, 7% (sete por cento) do total de empregados sindicalizados em âmbito nacional. (Brasil, 2008a)

Podem praticar o diálogo social sob outras formas, não pela pactuação de convênios coletivos de trabalho, atribuição esta que continua sem alterações em nosso sistema sindical.

As centrais sindicais têm competência para "indicar integrantes de alguns Conselhos e Colegiados de Órgãos Públicos, para desenvolver uma política comum aos interesses gerais dos trabalhadores e para uma atuação integrativa dos setores que a apoiam, tarefas de inegável relevância para o aperfeiçoamento do nosso modelo sindical" (Nascimento; Nascimento, 2015, p. 237).

— 2.6 —
Condições de registro e funcionamento das entidades sindicais

No âmbito da CLT, a organização sindical brasileira é composta de sindicatos, federações, confederações e centrais sindicais, os quais, para o regular funcionamento, devem preencher alguns requisitos legais (Brasil, 1943).

Na sistemática anterior à Constituição de 1988, as associações profissionais, para serem reconhecidas como sindicatos, deveriam preencher os requisitos legais (art. 511, CLT). O pedido de reconhecimento era feito ao ministro do Trabalho (art. 518, CLT). Exigia-se a carta de reconhecimentos (art. 520, CLT), também conhecida como carta sindical (Brasil, 1943).

Segundo Delgado (2020, p. 1.635), "desde a implantação do sindicato único no Brasil, o reconhecimento e investidura sindicais eram atos formais, minuciosamente dirigidos pelo Estado, por meio do Ministério do Trabalho". Com base nisso, o autor esclarece que "o Estado geria, com discricionariedade, vigilância e rigor, desde a formação das primitivas associações profissionais até sua passagem ao *status* sindical, com o reconhecimento e investidura reguladas na CLT (arts. 515 a 521, CLT)".

Esse fato se modificou com a Constituição Federal de 1988. No art. 8º, inciso I, a Carta adotou a orientação de que: "I – a lei não poderá exigir autorização do Estado para fundação do sindicato, ressalvado o registro no órgão competente, vedadas ao poder público a interferência e a intervenção na organização sindical" (Brasil, 1988).

Por outro lado, o art. 45 do Código Civil estabelece: "Começa a existência legal das pessoas jurídicas de direito privado com a inscrição do ato constitutivo no respectivo registro, precedida, quando necessário, de autorização ou aprovação do Poder Executivo, averbando-se no registro todas as alterações por que passar o ato constitutivo" (Brasil, 2002).

Nesse diapasão ensinam Nascimento e Nascimento (2015, p. 283) que, "depois dos atos internos de fundação do sindicato, devem ser providenciados os atos externos, assim considerados aqueles que serão exercidos perante outros órgãos e assim no caso passa por dois registros". Ou seja, trata-se de providenciar "registro no Cartório de Registro Civil de Pessoas Jurídicas, conferindo ao sindicato a chamada personalidade jurídica, [e] registro no Ministério do Trabalho, conferindo ao sindicato a chamada personalidade sindical, por intermédio do competente registro sindical". Nascimento e Nascimento (2015, p. 283) complementam:

> o registro do sindicato é um ato necessário para a sua existência no Brasil. Não há, ao contrário de outros países, sindicatos de fato sem registro. A Convenção nº. 87 da Organização Internacional do Trabalho dispõe que os trabalhadores e os empregadores, sem nenhuma distinção e sem autorização prévia, têm o direito de constituir as organizações sindicais que estimarem convenientes e de a elas se filia.

Ainda segundo Nascimento e Nascimento (2015, p. 283), a exigência legal de registro é discutida "sob dois prismas: primeiro, é, como entendeu o movimento sindical italiano, uma restrição à liberdade de organizar sindicatos, herança do corporativismo; e o segundo, é um fator de valorização sindical, imprescindível para que o sindicato adquira personalidade jurídica".

Ressaltamos que, em 10 de agosto de 1994, o Ministério do Trabalho editou a Instrução Normativa n. 3, estabelecendo o registro naquele órgão, com especificação da categoria, base territorial, órgãos de administração e sua composição (MTE, 2004).

Jorge Neto e Cavalcante (2015, p. 1.320) esclarecem que o Supremo Tribunal Federal (STF) considera que, "até que lei venha a dispor a respeito, incumbe ao Ministério do Trabalho proceder ao registro das entidades sindicais e zelar pela observância do princípio da unicidade (Súmula 677), sendo que a personalidade jurídica sindical decorre do registro no Ministério do Trabalho". E complementam: "a comprovação da legitimidade *ad processum* da entidade sindical se faz por seu registro no órgão competente do Ministério do Trabalho, mesmo após a promulgação da Constituição Federal de 1988 (OJ 15, SDC, TST)".

Com relação ao registro das entidades sindicais, citamos a Súmula n. 677 do STF: "Até que lei venha dispor a respeito, incumbe ao Ministério do Trabalho proceder ao registro das entidades sindicais e zelar pela observância do princípio da unicidade" (Brasil, 2003b).

Atualmente, o registro das entidades sindicais de primeiro grau (sindicatos) é disciplinado pela Portaria n. 326/2013, ao passo que a Portaria n. 186/2008 continua a registrar tão somente os atos de entidades de grau superior (MTE, 2008, 2013).

— 2.6.1 —
Fusão, incorporação, dissociação e extinção das entidades sindicais

As entidades sindicais como organizações privadas, quanto à sua existência, também podem praticar atos envolvendo: a possibilidade de união das entidades, seu desmembramento e até sua extinção.

Para Brito Filho (2019, p. 118, grifo nosso), a **dissociação**, também denominada *desmembramento*, importa na divisão da entidade. Isso porque, "quando ocorre a dissociação, o que temos é o desmembramento da entidade, com a saída de parte do grupo que é por ela representado, para possibilitar a fundação de nova entidade". O **desmembramento** "pode ocorrer por categoria ou por base territorial, muito embora a Consolidação das Leis do Trabalho só trate da primeira hipótese (art. 571, CLT)".

Já a **fusão** consiste na união de entidades sindicais; a **incorporação**, por sua vez, é quando uma entidade é incorporada (absorvida) por outra; ambas são permitidas, embora não estejam previstas na CLT. Os procedimentos de fusão e de incorporação exigem a

> realização de assembleias gerais em cada entidade e, havendo a aprovação de ambas, a formalização do processo de fusão e incorporação, com o necessário registro no Ministério do

> Trabalho [...] a) na fusão, o que se tem é surgimento de entidade sindical distinta das anteriores, o que obriga o registro; e b) na incorporação, embora subsista uma das entidades, ela passa a ter outra configuração, o que indica a necessidade de esta alteração ser informada ao órgão responsável pelo registro. (Brito Filho, 2019, p. 120)

Sobre a **extinção** das entidades sindicais, também denominada *dissolução*, Brito Filho (2019, p. 121) explica que "a doutrina [a] divide em duas formas: voluntária, que ocorre por iniciativa dos interessados e forçada, quando decorre de ato do Estado, e que por sua vez pode ser subdividida em administrativa e judicial". Esclarece, ainda, Santos (2019, p. 70) que "a dissolução do sindicato decorre por vontade dos próprios interessados, não cabendo a nenhum outro Órgão ou Poder interferência nessa situação". Entretanto, com base no disposto no art. 34 da Portaria n. 326/2013, a entidade sindical pode ser dissolvida por decisão judicial, desde que reconheça lesão a direitos, por ato administrativo, se constatado vício de legalidade no processo de registro, a pedido da própria entidade, ou seja, dos interessados, e na ocorrência de fusão ou incorporação de entidades sindicais.

As alterações na estrutura da entidade sindical devem obedecer aos princípios dos contratos comerciais, que envolvem legalidade, legitimidade e capacidade das partes.

— 2.7 —
Garantias do dirigente sindical

As garantias para o dirigente sindical se fazem necessárias para que este possa atuar de forma livre e sem pressões. Nos dizeres de Delgado (2019, p. 1.442), entre as garantias já normatizadas no Brasil, "a principal delas é a vedação à dispensa do empregado sindicalizado a partir do registro da candidatura a cargo de direção ou representação sindical e, se eleito, ainda que suplente, até um ano após o final do mandato, salvo se cometer falta grave nos termos da lei (art. 8º, VIII, CF/88)".

A figura da estabilidade sindical visa dar condições para o empregado que, em razão de sua atividade sindical, tenha seu "emprego garantido em que pese muitas vezes estar defendendo os interesses dos representados, e não raras as vezes poderá contrariar os de seu empregador, o que poderia acarretar sanções, das quais a mais grave é a sua dispensa" (Hinz, 2012, p. 120).

A estabilidade sindical prevista no art. 8º, inciso VIII, da Constituição Federal e no art. 543 da CLT, "traduz-se em hipóteses de estabilidade provisória, que atua como limitação temporária ao direito potestativo de resilição contratual por parte do empregador" (Hinz, 2012, p. 120).

Assim, dispõem os referidos artigos, *in verbis*:

> Art. 8º [...]
>
> VIII – é vedada a dispensa do empregado sindicalizado a partir do registro da candidatura a cargo de direção ou representação

sindical e, se eleito, ainda que suplente, até um ano após o final do mandato, salvo se cometer falta grave nos termos da lei.

[...]

Art. 543. [...]

[...]

§ 3º Fica vedada a dispensa do empregado sindicalizado ou associado, a partir do momento do registro de sua candidatura a cargo de direção ou representação de entidade sindical ou de associação profissional, até 1 (um) ano após o final do seu mandato, caso seja eleito inclusive como suplente, salvo se cometer falta grave devidamente apurada nos termos desta Consolidação. (Brasil, 1943)

— 2.7.1 —
Da comunicação e do registro da candidatura

O direito à estabilidade previsto nos arts. 8º, inciso VIII, da Constituição Federal e 543, parágrafo 3º, da CLT nasce com o registro da candidatura do empregado ao cargo, a qual, caso este seja eleito, estende-se até um ano após o cumprimento do mandato (Brasil, 1943, 1988).

Determina ainda o parágrafo 5º do art. 543 da CLT que a entidade sindical comunique à empresa, em 24 horas e por escrito, o dia e a hora do registro da candidatura de seu empregado:

Art. 543. O empregado eleito para cargo de administração sindical ou representação profissional, inclusive junto a órgão de deliberação coletiva, não poderá ser impedido do exercício de suas funções, nem transferido para lugar ou mister que lhe dificulte ou torne impossível o desempenho das suas atribuições sindicais. (Redação dada pelo Decreto-lei nº 229, de 28.2.1967)

[...]

§ 3º Fica vedada a dispensa do empregado sindicalizado ou associado, a partir do momento do registro de sua candidatura a cargo de direção ou representação de entidade sindical ou de associação profissional, até 1 (um) ano após o final do seu mandato, caso seja eleito inclusive como suplente, salvo se cometer falta grave devidamente apurada nos termos desta Consolidação. (Redação dada pela Lei nº 7.543, de 2.10.1986)

[...]

§ 5º Para os fins deste artigo, a entidade sindical comunicará por escrito à empresa, dentro de 24 (vinte e quatro) horas, o dia e a hora do registro da candidatura do seu empregado e, em igual prazo, sua eleição e posse, fornecendo, outrossim, a este, comprovante no mesmo sentido. O Ministério do Trabalho e Previdência Social fará no mesmo prazo a comunicação no caso da designação referida no final do § 4º. (Brasil, 1943)

A publicidade dos atos praticados é fundamental para demonstrar a legalidade no que se refere ao atendimento às reivindicações da categoria.

— 2.7.2 —
Número de dirigentes sindicais e efeitos

De acordo com o disposto no art. 522 da CLT, a "administração do sindicato será exercida por uma Diretoria constituída de no máximo sete e no mínimo três membros e de um Conselho Fiscal composto de três membros" (Brasil, 1943).

O Tribunal Superior do Trabalho (TST), por meio do disposto no inciso II de sua Súmula n. 369 (Brasil, 2012c), entendeu que o preceito em questão foi recepcionado pela Constituição, ficando, dessa forma, limitada a estabilidade a que alude o art. 543, parágrafo 3º, da CLT a sete dirigentes sindicais e igual número de suplentes, entretanto, exclui da estabilidade os dirigentes do Conselho Fiscal, sob o argumento de que estes não dirigem a entidade, mas se limitam à gestão financeira (Orientação Jurisprudencial n. 365 da SBDI-1 do TST). Vejamos o teor da referida súmula:

> SÚMULA 369 do TST: DIRIGENTE SINDICAL. ESTABILIDADE PROVISÓRIA (redação do item I alterada na sessão do Tribunal Pleno realizada em 14.09.2012)
>
> I – É assegurada a estabilidade provisória ao empregado dirigente sindical, ainda que a comunicação do registro da candidatura ou da eleição e da posse seja realizada fora do prazo previsto no art. 543, § 5º, da CLT, desde que a ciência ao empregador, por qualquer meio, ocorra na vigência do contrato de trabalho.

II – O art. 522 da CLT foi recepcionado pela Constituição Federal de 1988. Fica limitada, assim, a estabilidade a que alude o art. 543, § 3.º, da CLT a sete dirigentes sindicais e igual número de suplentes.

III – O empregado de categoria diferenciada eleito dirigente sindical só goza de estabilidade se exercer na empresa atividade pertinente à categoria profissional do sindicato para o qual foi eleito dirigente.

IV – Havendo extinção da atividade empresarial no âmbito da base territorial do sindicato, não há razão para subsistir a estabilidade.

V – O registro da candidatura do empregado a cargo de dirigente sindical durante o período de aviso prévio, ainda que indenizado, não lhe assegura a estabilidade, visto que inaplicável a regra do § 3º do art. 543 da Consolidação das Leis do Trabalho. (Brasil, 2012c)

- Súmula n. 379 do TST (Brasil, 2005b):

> Dirigente sindical. Despedida. Falta grave. Inquérito judicial. Necessidade (conversão da Orientação Jurisprudencial nº 114 da SBDI-1)–Res. 129/2005, DJ 20, 22 e 25.04.2005. O dirigente sindical somente poderá ser dispensado por falta grave mediante a apuração em inquérito judicial, inteligência do art. 494 e do art. 543, §3º, da CLT.

- Orientação Jurisprudencial SBDI1 n. 365 do TST (Brasil, 2008b):

  > Estabilidade provisória. Membro de conselho fiscal de sindicato. Inexistência. DJ 20, 21 e 23.05.2008. Membro de conselho fiscal de sindicato não tem direito à estabilidade prevista nos arts. 543, § 3º, da CLT e 8º, VIII, da CF/1988, porquanto não representa ou atua na defesa de direitos da categoria respectiva, tendo sua competência limitada à fiscalização da gestão financeira do sindicato (art. 522, § 2º, da CLT).

— 2.8 —
Patrimônio, receitas das entidades sindicais e contribuição dos trabalhadores e das categorias econômicas

O estudo da estrutura interna do sistema sindical envolve a análise dos órgãos, do patrimônio e da receita das entidades sindicais. Segundo Nascimento e Nascimento (2015, p. 119), decorre da democracia interna que o poder das entidades de se autorregularem "é condição de legitimidade da vida do sindicato e princípio que deve inspirar a prática dos principais atos que envolverão a sua atividade interior".

A democracia interna está garantida no art. 3º, parágrafo 1º, da Convenção n. 87, da OIT, que garante às organizações sindicais o direito de elaborar seus estatutos e regimentos, de eleger livremente seus representantes e de organizar sua administração (OIT, 2021b).

Em período anterior à promulgação da Constituição Federal de 1988, conforme explica Brito Filho (2019, p. 126), ou seja, "antes de ser concedida às entidades sindicais a liberdade de administração, havia controle direto do Ministério do Trabalho sobre o patrimônio e a gestão de bens e recursos das organizações sindicais, como se verifica nos artigos 548 a 552, da CLT".

Brito Filho (2019, p. 126) ainda esclarece que "os próprios integrantes das entidades sindicais, na forma definida por estes em assembleia geral e por meio dos estatutos da entidade, efetuam o controle do patrimônio".

Ademais,

> o patrimônio das entidades sindicas, é formado por todos os bens e receitas adquiridos validamente, independentemente de estarem relacionados no art. 548, da CLT, podendo a ele ser dada a destinação que for entendida conveniente, mediante deliberação regular e, desde que, feita em prol do desempenho da finalidade básica das entidades sindicais, que é coordenar e defender interesses econômicos ou profissionais. (Brito Filho, 2019, p. 126)

O **patrimônio da entidade sindical** é gerido pela administração da entidade.

— 2.8.1 —
Receitas sindicais

Com a finalidade de custeio das despesas, o sindicato conta com uma fonte principal de obtenção de recursos: as contribuições feitas por associados e não associados. Elas podem ser de diversas espécies, porém, na prática, resumem-se a quatro:

1. contribuição sindical;
2. contribuição confederativa;
3. contribuição social (ou mensalidade dos associados); e
4. contribuição assistencial (ou cota de solidariedade).

Contribuição sindical

A contribuição sindical destina-se a atender ao custeio do sistema sindical. Conforme explica Santos (2019, p. 71), "a estrutura corporativista do sindicato prevista na CLT de 1943 criou o chamado imposto sindical, de natureza compulsória. Sua expressão foi alterada em 1967 para contribuição sindical e mantida pela ordem constitucional de 1988", ou seja, está prevista na parte final do art. 8º, inciso IV, da Constituição Federal e nos arts. 548, alínea "a", 578 e seguintes da CLT.

Considerando a previsão do art. 217, inciso I, e do art. 3º, ambos do Código Tributário Nacional (CTN), e ainda do art. 149 da Constituição Federal, a natureza jurídica da contribuição sindical é tributária, sendo devida pelo associado e pelo não associado da entidade sindical. Ressaltamos, contudo, que a compulsoriedade da contribuição sindical deixou de existir com a promulgação da Lei nº 13.467, de 13 de julho de 2017, Lei da Reforma Trabalhista (Brasil, 2017).

Sobre o assunto, assim dispõe a CLT:

> Art. 578. As contribuições devidas aos sindicatos pelos participantes das categorias econômicas ou profissionais ou das profissões liberais representadas pelas referidas entidades serão, sob a denominação de contribuição sindical, pagas, recolhidas e aplicadas na forma estabelecida neste Capítulo, desde que prévia e expressamente autorizadas (Redação dada pela Lei nº 13.467, de 2017). (Brasil, 1943, 2017)

A contribuição sindical cobrada compulsoriamente, conforme o disposto no artigo retromencionado, necessita, hoje, de autorização expressa de trabalhadores e empregadores.

Contribuição sindical dos trabalhadores

A contribuição sindical dos trabalhadores é a contribuição anual prevista no art. 580 da CLT e corresponde à importância de um dia de trabalho para os empregados (Brasil, 1943). Para os trabalhadores autônomos e para os profissionais liberais, a contribuição equivale a 30% do maior valor de referência (MVR) fixado pelo Poder Executivo.

Para fins de cálculo da contribuição sindical dos trabalhadores, de acordo com o previsto no inciso I do art. 580 da CLT, "considera-se um dia de salário para a apuração da contribuição sindical equivale: a) a uma jornada normal de trabalho, se o pagamento foi feito por unidade de tempo; b) a 1/30 avos da quantia percebida no mês anterior, se a remuneração for paga por tarefa, empreitada ou comissão" (Brasil, 1943).

Quanto ao desconto dos empregados, com a vigência da Lei n. 13.467/2017, este passou a ser **facultativo** de acordo com o disposto nos arts. 545 e 579 da CLT. As contribuições devidas ao sindicato somente poderão ser descontadas na folha de pagamento dos empregados se estes forem notificados pelo sindicato e autorizarem o desconto. Tendo sido autorizado o desconto, este é efetuado no mês de março de cada ano.

Sobre o assunto, vejamos o que estabelece a CLT:

> Art. 545. Os empregadores ficam obrigados a descontar da folha de pagamento dos seus empregados, desde que por eles devidamente autorizados, as contribuições devidas ao sindicato, quando por este notificados. (Redação dada pela Lei nº 13.467, de 2017)
>
> [...]
>
> Art. 579. O desconto da contribuição sindical está condicionado à autorização prévia e expressa dos que participarem de uma determinada categoria econômica ou profissional, ou de uma profissão liberal, em favor do sindicato representativo da mesma categoria ou profissão ou, inexistindo este, na conformidade do disposto no art. 591 desta Consolidação. (Redação dada pela Lei nº 13.467, de 2017)

A respeito desse ponto, esclarece Santos (2019, p. 74-75) que, em 29 de junho de 2018,

> o STF declarou a constitucionalidade das alterações da Reforma Trabalhista na ADI nº 5.794 ajuizada pela Confederação Nacional dos Trabalhadores em Transporte Aquaviário e Aéreo, na Pesca e nos Portos (CONTTMAF) em outras 18 ADIns ajuizadas que tratavam sobre a extinção da obrigatoriedade da contribuição sindical e na Ação Declaratória de Constitucionalidade – ADC nº 55, que buscava o reconhecimento da mudança na legislação.

Contribuição sindical dos participantes das categorias econômicas ou profissionais ou das profissões liberais

Para os participantes das categorias econômicas ou profissionais ou das profissões liberais, também se exige a expressa autorização dos participantes da categoria, nos termos do art. 579 da CLT (Brasil, 1943).

No caso dos trabalhadores avulsos, o desconto será efetuado no mês de **abril**, e em relação aos agentes e trabalhadores autônomos e profissionais liberais, ele acontecerá em **fevereiro**, consoante o disposto no art. 583 da CLT. Em razão da redação dada pela Lei n. 13.467/2017, há também a imposição da exigência de autorização prévia e expressa dos participantes.

Conforme o disposto no art. 602 da CLT, "O empregado que não estiver trabalhando no mês destinado ao desconto da contribuição sindical o desconto, desde que prévia e expressamente autorizado, será efetuado no primeiro mês subsequente ao do reinício do trabalho" (Brasil, 1943).

Contribuição sindical das empresas

A contribuição sindical para os empregadores "será proporcional ao capital social da firma ou empresa, registrado na Junta Comercial ou Órgão equivalente", conforme o disposto no inciso III do art. 580 da CLT (Brasil, 1943).

As entidades ou as instituições "que não estejam obrigadas ao registro do capital social considerarão, como capital, para efeito do cálculo [...], o valor resultante do percentual de 40% (quarenta por cento) sobre o movimento econômico registrado no exercício [financeiro] imediatamente anterior" (Brasil, 1943, art. 580, § 5º). Estão excluídas da regra desse parágrafo entidades ou instituições que comprovarem, mediante "requerimento dirigido ao Ministro do Trabalho, que não exercem atividade econômica com fins lucrativos" (Brasil, 1943, art. 580, § 6º).

As empresas "atribuirão parte do respectivo capital às sucursais, filiais ou agências, desde que localizadas fora da base territorial da entidade sindical representativa da atividade econômica do estabelecimento principal, na proporção das correspondentes operações econômicas [...]" (Brasil, 1943, art. 581).

Quando a empresa realizar diversas atividades econômicas, sem que nenhuma delas seja preponderante, cada uma dessas atividades será incorporada à respectiva categoria econômica, sendo a contribuição sindical devida à entidade sindical representativa da mesma categoria. O procedimento é igual em relação às sucursais, agências ou filiais. (Brasil, 1943, art. 581, § 1º)

A atividade preponderante caracteriza "a unidade de produto, operação ou objetivo final, para cuja obtenção todas as demais atividades convirjam exclusivamente, em regime de conexão funcional" (Brasil, 1943, art. 581, § 2º).

Tratando-se de **grupo de empresas**, cada uma delas recolherá a contribuição sindical observando a própria atividade preponderante, e não a atividade preponderante do grupo. O recolhimento da contribuição sindical do empregador será no mês de janeiro ou, para os que venham a se estabelecer depois, na ocasião em que requeiram às repartições o registro ou a licença para o exercício da atividade.

A Lei Complementar n. 123, de 14 de dezembro de 2006 (Estatuto Nacional da Microempresa e da Empresa de Pequeno Porte), em seu art. 13, parágrafo 3º, assim estabelece:

> § 3º As microempresas e empresas de pequeno porte optantes pelo Simples Nacional ficam dispensadas do pagamento das demais contribuições instituídas pela União, inclusive as contribuições para as entidades privadas de serviço

social e de formação profissional vinculadas o sistema sindical [contribuição sindical patronal] de que trata o art. 240 da Constituição Federal e demais entidades de serviço social autônomo. (Brasil, 2006)

A título de exemplo, observe a Tabela 2.1 elaborada por entidades sindicais representantes de atividades econômicas:

Tabela 2.1 – Tabela progressiva para cálculo da contribuição sindical, vigente a partir de 1º de janeiro de 2021, aplicável aos empregadores industriais

LINHA	CLASSE DE CAPITAL SOCIAL (R$)			ALÍQUOTA (%)	VALOR A ADICIONAR (R$)
01	de	0,01	a	16.314,18	Contrib. mínima	130,51
02	de	16.314,19	a	32.628,36	0,8	0,00
03	de	32.628,37	a	326.283,62	0,2	195,77
04	de	326.283,63	a	32.628.362,03	0,1	522,05
05	de	32.628.362,04	a	174.017.930,84	0,02	26.624,74
06	de	174.017.930,85		Em diante	Contrib. máxima	61.428,33

Fonte: Fieb, 2021.

Alertamos para o fato de que a contribuição sindical, na forma retromencionada nos arts. 580 e 581 da CLT, também está subordinada ao disposto nos arts. 579 e 583 da mesma lei, ou seja, "a exigência de autorização prévia e expressa" (Brasil, 1943).

Contribuição confederativa

A contribuição confederativa é prevista no art. 8º, inciso IV, da Constituição Federal de 1988, sendo voltada à cúpula do sistema sindical (Santos, 2019). Com base no mencionado dispositivo da Constituição Federal, "a Assembleia Geral pode aprovar tal contribuição somente para os associados ao sindicato, existindo aí um interesse individual e não coletivo, sendo gerado o problema após a notificação ao empregador sobre o pagamento da referida contribuição" (Santos, 2019, p. 77), cujo desconto somente poderá ser efetuado com expressa e prévia autorização nos termos do art. 579 da CLT.

Sobre o assunto, dispõe a Constituição Federal de 1988:

> Art. 8º É livre a associação profissional ou sindical, observado o seguinte:
>
> [...]
>
> IV – a assembleia geral fixará a contribuição que, em se tratando de categoria profissional, será descontada em folha, para custeio do sistema confederativo da representação sindical respectiva, independentemente da contribuição prevista em lei. (Brasil, 1988)

Por sua vez, a Súmula n. 666 do STF dispõe que "A contribuição confederativa de que trata o art. 8º, IV, da Constituição, só é exigível dos filiados ao sindicato respectivo" (Brasil, 2003a).

Contribuição social

A contribuição social, também denominada *mensalidade sindical*, é garantida no setor privado pelo disposto no art. 548, alínea "b", da CLT, que assim prevê: "as contribuições dos associados, na forma estabelecida nos estatutos ou pelas Assembleias Gerais", ou seja, a contribuição sindical deve resultar de uma assembleia que a determine (Brasil, 1943).

Trata-se de uma opção do membro da categoria se associar ou não à entidade sindical, podendo, a partir de então, participar e votar nas assembleias da categoria, cujo pagamento normalmente é realizado mensalmente.

Explica Santos (2019, p. 79) que "as mensalidades dos associados do sindicato são parcelas mensais pagas pelos trabalhadores sindicalizados de modo voluntário, inerente a qualquer tipo de associação". Pode ser estabelecida tanto pelos sindicatos das categorias de trabalhadores das empresas privadas quanto pelos sindicatos de servidores públicos.

Taxa de reversão salarial, taxa assistencial ou contribuição assistencial

Nunca houve fundamento legal expresso para esse tipo de pagamento com base em documentos normativos coletivos da categoria, cujos efeitos são normativos. Ressaltamos que tal taxa não pode mais existir, conforme Precedente Normativo n. 119 do TST:

Nº 119 CONTRIBUIÇÕES SINDICAIS - INOBSERVÂNCIA DE PRECEITOS CONSTITUCIONAIS - (mantido) - DEJT divulgado em 25.08.2014. "A Constituição da República, em seus arts. 5º, XX e 8º, V, assegura o direito de livre associação e sindicalização. É ofensiva a essa modalidade de liberdade cláusula constante de acordo, convenção coletiva ou sentença normativa estabelecendo contribuição em favor de entidade sindical a título de taxa para custeio do sistema confederativo, assistencial, revigoramento ou fortalecimento sindical e outras da mesma espécie, obrigando trabalhadores não sindicalizados. Sendo nulas as estipulações que inobservem tal restrição, tornam-se passíveis de devolução os valores irregularmente descontados." (Brasil, 2021c)

A nova sistemática de cobrança das contribuições sindicais, inserida pela Reforma Trabalhista (Lei n. 13.467/2017), ao determinar "a existência de autorização prévia e expressa", alterou de forma substancial a captação de receitas pelas entidades sindicais.

Capítulo 3

Deveres dos sindicatos, atividades ou condutas antissindicais, representação dos trabalhadores, negociação coletiva e formas de solução de conflitos

Neste capítulo, vamos estudar os temas fundamentais da atividade sindical, tal como os deveres dos sindicatos. Já de plano, alertamos que não devem ser confundidos com as funções das entidades sindicais. Além disso, em razão do exercício da atividade sindical, algumas entidades são consideradas antissindicais, ou seja, impedem o exercício pleno da atividade e podem apresentar prejuízos à liberdade sindical, de representação dos trabalhadores, na negociação coletiva, bem como em razão dos meios de solução de conflitos.

— 3.1 —
Deveres dos sindicatos

De início, alertamos para a necessidade de não confundir as atividades das entidades sindicais – que podem envolver as funções econômica, política, ética, negocial ou regulamentar, assistencial e as de representação para como seus representados – com os deveres relacionados no art. 514 da Consolidação das Leis do Trabalho (CLT), os quais evidenciam a verdadeira contrapartida social, visto que estes são mais amplos e podem envolver entes e entidades que não fazem parte de sua representação direta.

A CLT, embora fixe as prerrogativas dos sindicatos (art. 513), atribui, em contrapartida, diversos deveres às entidades sindicais, conforme o disposto no art. 514:

Art. 514. São deveres dos sindicatos:

a) colaborar com os poderes públicos no desenvolvimento da solidariedade social;

b) manter serviços de assistência judiciária para os associados;

c) promover a conciliação nos dissídios de trabalho;

d) sempre que possível, e de acordo com as suas possibilidades, manter no seu Quadro de Pessoal, em convênio com entidades assistenciais ou por conta própria, um assistente social com as atribuições específicas de promover a cooperação operacional na empresa e a integração profissional na Classe. (Alínea incluída pela Lei n.º 6.200, de 16-04-75, DOU 17-04-75) (Brasil, 1943)

E, mais ainda, consoante o disposto no parágrafo único do referido artigo, os sindicatos têm o dever de: "a) promover a fundação de cooperativas de consumo e de crédito; b) fundar e manter escolas de alfabetização e pré-vocacionais" (Brasil, 1943).

Segundo Amauri Mascaro Nascimento (1989, p. 203), faz parte das atribuições do sindicato aquela que "lhe é conferida pela lei ou pelos seus estatutos, para prestar serviços aos seus representados, contribuindo para o desenvolvimento integral do ser humano". Ressaltamos que, durante diversos períodos da história, no mundo e no Brasil, o sindicato teve como função proeminente a atividade assistencial, sendo, sem dúvida, importante elemento de apoio do trabalhador e de integração social.

— 3.2 —
Atividades ou condutas antissindicais

As atividades ou condutas antissindicais são práticas contrárias à liberdade sindical. Têm um conceito amplo, uma vez que abrangem os atos que "prejudicam indevidamente um titular de direitos sindicais no exercício da atividade sindical ou por causa desta ou aqueles atos mediante os quais lhe são negadas, injustificadamente, as facilidades ou prerrogativas necessárias ao normal desempenho da ação coletiva" (Uriarte, 2000, p. 35).

As atividades antissindicais podem ser classificadas em:

> a) prática antissindical em nível individualizado, que podem apresentar uma situação preventiva, os empregadores objetivam impedir a criação de um sindicato, ou, ainda, a adesão dos trabalhadores a um sindicato já constituído; ou em situação repressiva, objetiva a adoção de represálias contra os trabalhadores em virtude do exercício, por estes últimos, dos direitos sindicais
>
> b) prática, por parte do empregador, contra os sindicatos como entidade coletiva, na negativa de reconhecimento de certo sindicato, ou, ainda, na negativa de tratar e negociar com os sindicatos.
>
> c) ações e omissões relacionadas às autoridades públicas, prática corrente na época das ditaduras. (Uriarte, 2000, p. 35)

A Convenção n. 98 da Organização Internacional do Trabalho (OIT) cita normas direcionadas à prevenção contra atos antissindicais direcionados aos trabalhadores, conforme o disposto em seu art. 1º, ou seja, não se admitem atos que visem:

a) subordinar o emprego de um trabalhador à condição de não se filiar a um sindicato ou deixar de fazer parte de um sindicato;

b) dispensar um trabalhador ou prejudicá-lo, por qualquer modo, em virtude de sua filiação a um sindicato ou de sua participação em atividades sindicais, fora das horas de trabalho ou com o consentimento do empregador, durante as mesmas horas. (OIT, 2021a)

A referida Convenção também traz, em seu art. 2º, norma direcionada aos sindicatos de trabalhadores e de empregadores, para que estes gozem de "proteção adequada contra quaisquer atos de ingerência de umas e outras, quer diretamente quer por meio de seus agentes ou membros, em sua formação, funcionamento e administração" (OIT, 2021a). Portanto, a prática antissindical pode partir do empregador, do sindicato patronal, de outro sindicato de trabalhadores ou, ainda, do Estado.

— 3.3 —
Representação dos trabalhadores

A representação dos trabalhadores na empresa é uma das formas de relações coletivas de trabalho.

A Convenção n. 135 e a Recomendação n. 143 (ambas de 1971) da OIT tratam da proteção dos trabalhadores na empresa e preveem a dispensa motivada dos representantes dos trabalhadores na empresa, a preservação de meios necessários para desempenho de suas atribuições, a colaboração mútua entre representantes sindicais e não sindicais, entre outros direitos. (Santos, 2019, p. 86)

Conforme explicam Jorge Neto e Cavalcante (2015, p. 1.344), "em função dessa importância, a CF. de 1988 estabeleceu que, nas empresas de mais de 200 empregados, é assegurada a eleição de um representante destes com a finalidade exclusiva de promover-lhes o entendimento direto com os empregadores (artigo 11, CF.)".

Para Brito Filho (2019, p. 297),

> A representação dos trabalhadores ocorre de diversas formas; por diversos órgãos, entidades ou pessoas e nos mais diferentes planos, e dependendo esta ocorrência de cada ordenamento jurídico e do modelo que é adotado, compulsória ou espontaneamente, em cada país. Pode ser legal, voluntária, individual, coletiva.

A representação "no plano coletivo, pode ocorrer em relação a toda a categoria, bem como pode ser, somente, dos associados e, ainda, pode dar-se somente no seio da empresa em favor de todos os empregados desta ou apenas parte deles" (Brito Filho, 2019, p. 298).

Alguns autores, como Brito Filho (2019, p. 299-300), trazem para a representação dos trabalhadores a definição analítica segundo a qual se consideram "como representantes dos trabalhadores tanto as pessoas naturais como as jurídicas, pois a representação ocorre por todas estas pessoas, além dos órgãos sem personalidade jurídica".

A representação, de acordo com Brito Filho (2019, p. 299-300), por sua vez, "derivará de norma jurídica, independentemente do centro de positivação que a origina, contanto que a fonte seja reconhecida como de Direito Sindical. Este é, ressalte-se, o posicionamento adotado pela OIT, na Convenção nº 135, § 4º".

O que efetivamente é importante, consoante as explicações de Brito Filho (2019, p. 299-300), é que "a pessoa, física ou jurídica, tenha a função de representar os trabalhadores, independentemente de esta representação ser legal ou voluntária, de ser forma limitada ou não de representação e, por fim, perante quem esta função seja exercida".

Conforme o art. 3º da Convenção n. 135 da OIT (2021a), os representantes dos trabalhadores na empresa são divididos em representantes sindicais e representantes eleitos. Vamos ver a descrição de cada um deles a seguir.

Representantes sindicais

Os representantes sindicais são todos aqueles que, eleitos ou nomeados para cargo de representação sindical, desempenham a função de representar os trabalhadores ou as entidades sindicais às quais pertençam, ou que congreguem estas. Podem ser classificados em: dirigentes sindicais e delegados sindicais.

As atribuições dos representantes sindicais, tanto dirigentes quanto delegados, são definidas pelo regramento interno das entidades sindicais, o que depende da posição que ocupam na estrutura do sindicato.

Representantes não sindicais (ou eleitos sem cargo sindical)

Os representantes não sindicais são eleitos pelos colegas de trabalhos, mas sem a função e o cargo de representação sindical, em que pese desempenharem função de representação dos colegas diante das necessidades do ambiente de trabalho.

Segundo Nascimento e Nascimento (2014, p. 1.113), essa representação é definida como "o conjunto de meios destinados à discussão e manifestação dos empregados no local de trabalho, tendo em vista o desenvolvimento de entendimentos com o empregador destinados à efetivação ou à reivindicação de direitos e deveres". Ainda, pode ocorrer dentro "de dois modelos distintos: 1) da dupla representação, quando, além dos representantes sindicais existe a chamada representação por organismo unitário, ou a sindical e 2) da representação singular, em que ou existe a representação por organismo sindical ou por organismo não sindical".

— 3.3.1 —
Representante para o entendimento direto (art. 510-A a 510-D da CLT)

A figura do representante para o entendimento direito é inovação trazida pela Lei n. 13.467, de 13 de julho de 2017, mediante as disposições constantes nos arts. 510-A a 510-D da CLT.

A referida alteração vem regulamentar o previsto no art. 11 da Constituição Federal de 1988, que assim dispõe: "Nas empresas de mais de duzentos empregados, é assegurada a eleição de um representante destes com a finalidade exclusiva de promover-lhes o entendimento direto com os empregadores" (Brasil, 1988).

Porém, é de se observar em relação ao texto constitucional, a norma celetista deixa claro, no *caput* do art. 510-A da CLT, que a referida comissão tem como função exclusiva a promoção do "entendimento direto com os empregadores", não lhe cabendo a atribuição e a finalidade negocial (Brasil, 1943).

Ainda no mesmo dispositivo, a CLT cita a quantidade de membros a compor a comissão, *in verbis*: "I – nas empresas com mais de duzentos empregados e até três mil empregados, por três membros; II – nas empresas com mais de três mil e até cinco mil empregados, por cinco membros; III – nas empresas com mais de cinco mil empregados, por sete membros" (Brasil, 1943).

Atribuições da comissão

A norma também traz como novidade, no art. 510-B, a determinação do conjunto de atribuições da comissão, vejamos:

> I – representar os empregados perante a administração da empresa;
>
> II – aprimorar o relacionamento entre a empresa e seus empregados com base nos princípios da boa-fé e do respeito mútuo;
>
> III – promover o diálogo e o entendimento no ambiente de trabalho com o fim de prevenir conflitos;
>
> IV – buscar soluções para os conflitos decorrentes da relação de trabalho, de forma rápida e eficaz, visando à efetiva aplicação das normas legais e contratuais;
>
> V – assegurar tratamento justo e imparcial aos empregados, impedindo qualquer forma de discriminação por motivo de sexo, idade, religião, opinião política ou atuação sindical;
>
> VI – encaminhar reivindicações específicas dos empregados de seu âmbito de representação;
>
> VII – acompanhar o cumprimento das leis trabalhistas, previdenciárias e das convenções coletivas e acordos coletivos de trabalho. (Brasil, 1943, 2017)

Os parágrafos 1º e 2º do referido art. 510-B estabelecem, ainda, que as decisões da comissão devem ser sempre colegiadas e que será observada a maioria simples, bem como a atuação independente.

Sistemática de eleição

O *caput* do art. 510-C da CLT prevê a sistemática de eleição, que deve ser convocada com uma "antecedência mínima de 30 (trinta) dias, contados do término do mandato anterior, por meio de edital que deverá ser fixado na empresa, com ampla publicidade, para inscrição de candidatura" (Brasil, 1943, 2017).

Ressaltamos que, para a orientação desses trabalhos eleitorais, deve ser "formada uma comissão eleitoral", a ser "integrada por cinco empregados, não candidatos", sendo vedada a "interferência da empresa e do sindicato da categoria" no procedimento de eleição (Brasil, 1943, 2017, art. 510-C, § 1º).

De acordo com o parágrafo 2º do art. 510-C, "Os empregados da empresa poderão candidatar-se, exceto aqueles que tenham contrato de trabalho indeterminado, que tenham contrato suspenso ou que estejam em período de aviso prévio, ainda que indenizado" (Brasil, 1943, 2017).

Já o parágrafo 3º do mesmo dispositivo prevê que "Serão eleitos membros da comissão de representantes dos empregados os candidatos mais votados, em votação secreta, vedado o voto por representação", ou seja, o voto por procuração (Brasil, 1943, 2017). Nesse ponto, salientamos que a lei não faz menção ao sistema de desempate caso este venha ocorrer no pleito eleitoral.

Por sua vez, o parágrafo 4º do art. 510-C estipula que a posse de comissão deve ocorrer "no primeiro dia útil seguinte à eleição ou ao término do mandato anterior" (Brasil, 1943, 2017).

Ainda, segundo o parágrafo 5º do art. 510-C, em caso de inexistência de candidatos suficientes, a comissão pode ser formada por número inferior de membros previsto no art. 510-A. E, conforme o parágrafo 6º desse artigo, "Se não houver registro de candidatura, será lavrada ata e convocada nova eleição no prazo de um ano" (Brasil, 1943, 2017).

Do mandato dos membros e da garantia provisória

O disposto no art. 510-D da CLT define o mandato dos membros da comissão de representantes dos empregados, o qual será de 1 (um) ano, sem previsão de recondução. E, segundo previsão expressa do parágrafo 1º do art. 510-D, o membro que houver exercido a função de representante dos empregados "na comissão não poderá ser candidato nos dois períodos subsequentes" (Brasil, 1943, 2017).

Vale ressaltar, aqui, que, sobre a novidade relacionada à recondução, ou seja, o empregado eleito para um período fica inelegível para dois mandatos imediatamente subsequentes, a nosso ver, a intenção do legislador é incentivar a participação de diversos empregados no entendimento direto com o empregador, dando um sentido mais democrático ao ambiente de trabalho.

Com relação aos efeitos no contrato de trabalho, o disposto no parágrafo 2º do art. 510-D estabelece que "O mandato dos representantes dos empregados não implica suspensão ou interrupção do contrato, devendo o empregado permanecer no exercício de suas funções" (Brasil, 1943, 2017).

A determinação de não afastamento do empregado de suas funções (art. 510-D, § 2º, CLT) desencadeia duas situações: (1) o empregado continuará a ter o contato direto com seus colegas de trabalho; (2) poderá transmitir ao empregador os reais anseios e necessidades de seus colegas de trabalho (Brasil, 1943, 2017).

No que diz respeito à garantia provisória de emprego, medida essencial para que o membro da comissão de representante dos empregados possa exercer seu mandato com autonomia no cumprimento de suas atividades, o parágrafo 3º do art. 510-D prevê que, "desde o registro da candidatura até um ano após o fim do mandato, o membro da comissão de representante dos empregados não poderá sofrer despedida arbitrária", destacando que se entende "como tal a que não se fundar em motivo disciplinar, técnico, econômico ou financeiro" (Brasil, 1943, 2017).

A garantia provisória de emprego prevista para o representante dos empregados é similar à estabelecida para:

- o dirigente sindical (Brasil, 1988, art. 8º, VIII);
- os membros da Comissão Interna de Prevenção de Acidentes (CIPA) eleitos pelos empregados (art. 10, II, "a", Ato das Disposições Constitucionais Transitórias – ADCT), assegurando para o representante eleito, dessa forma, a possibilidade de poder atuar com segurança em suas funções de entendimento direto.

— 3.4 —
Negociação coletiva

Na ocorrência do interesse de determinada categoria profissional, formalizam-se os atos de negociação coletiva que podem ocorrer mediante acordo coletivo ou convenção coletiva. Entretanto, caso não ocorra possibilidade de negociação ou se esta for frustrada, surgem os conflitos coletivos oriundos do trabalho.

A negociação coletiva enquadra-se no grupo das fórmulas autocompositivas essencialmente democráticas, podendo ser classificada em:

> a) Normatização Autônoma e Privatística – a norma produz-se, de fato, a partir da sociedade civil através da dinâmica conflituosa e negocial;
>
> b) Normatização Privatística Subordinada – a criação e reprodução da norma jurídica ocorre mediante uma dinâmica provocada pelos particulares, mas segundo um processo regulamentado pelo Estado. (Delgado, 2019, p. 1.469)

São princípios jurídicos da negociação coletiva:

- obrigatoriedade da atuação sindical (Brasil, 1988, art. 8º, VI);
- simetria entre os contratantes, igualdade de condições de negociação entre as partes;
- lealdade e transparência.

— 3.4.1 —
Instrumentos coletivos

Os instrumentos coletivos de trabalhos – convenção coletiva e acordo coletivo –, previstos respectivamente no art. 611, *caput* e parágrafo 1º, da CLT, são instrumentos utilizados para a formalização de contratos coletivos cujas cláusulas podem ser direcionadas a direitos econômicos e sociais e a determinadas categorias profissionais e econômicas.

Os instrumentos coletivos de trabalho têm garantia constitucional, conforme o disposto no inciso XXVI do art. 7º da Constituição Federal: "São direitos dos trabalhadores urbanos e rurais, além de outros que visem à melhoria de sua condição social: [...] XXVI – reconhecimento das convenções e acordos coletivos de trabalho" (Brasil, 1988).

As convenções coletivas e os acordos coletivos "se prestam para a melhoria sociais e econômicas das condições de trabalho e representam formas autocompositivas quanto à forma de solução dos conflitos coletivos de trabalho" (Nascimento; Nascimento, 2015, p. 388). A negociação coletiva é estimulada no âmbito internacional, conforme se observa dos termos das Convenções n. 98 e n. 154, da OIT (2021a).

A Convenção n. 98 da OIT (2021a), que trata do direito de sindicalização e de negociação coletiva e foi ratificada pelo Brasil em 18 de novembro de 1952, contém, em seu art. 4º, determinação explícita sobre utilização dos instrumentos coletivos de trabalho:

Art. 4. Deverão ser tomadas, se necessário for, medidas apropriadas às condições nacionais, para fomentar e promover o pleno desenvolvimento e utilização dos meios de negociação voluntária entre empregadores ou organizações de empregadores e organizações de trabalhadores com o objetivo de regular, por meio de convenções, os termos e condições de emprego. (OIT, 2021a)

A Convenção n. 154 da OIT (2021a), que trata do fomento à negociação coletiva, ratificada pelo Brasil em 10 de julho de 1992, contém, em seu texto, normas de estímulo à negociação não somente para o setor privado, mas também para o setor público:

Art. 1. 1. A presente Convenção aplica-se a todos os ramos da atividade econômica.

2. A legislação ou a prática nacionais poderá determinar até que ponto as garantias previstas na presente Convenção são aplicáveis às forças armadas e à polícia.

3. No que se refere à administração pública, a legislação ou a prática nacionais poderão fixar modalidades particulares de aplicação desta Convenção.

Art. 2. Para efeito da presente Convenção, a expressão 'negociação coletiva' compreende todas as negociações que tenham lugar entre, de uma parte, um empregador, um grupo de empregadores ou uma organização ou várias organizações de empregadores, e, de outra parte, uma ou várias organizações de trabalhadores, com fim de:

a) fixar as condições de trabalho e emprego; ou

b) regular as relações entre empregadores e trabalhadores; ou

c) regular as relações entre os empregadores ou suas organizações e uma ou várias organizações de trabalhadores, ou alcançar todos estes objetivos de uma só vez. (OIT, 2021a)

Os instrumentos coletivos refletem os anseios de obtenção de melhoria das condições de trabalho das categorias econômica ou profissional.

Convenção coletiva

A convenção coletiva, conforme dispõe o art. 611, *caput*, da CLT, é o "acordo de caráter normativo, pelo qual dois ou mais sindicatos representativos das categorias econômicas e profissionais estipulam condições de trabalho aplicáveis, no âmbito das respectivas representações, às relações individuais de trabalho" (Brasil, 1943).

Define Delgado (2020, p. 1.681) convenção coletiva como resultado "de negociações entabuladas por entidades sindicais, quer a dos empregados, quer a dos respectivos empregadores. Envolve, portanto, o âmbito da categoria, seja a profissional (obreiros), seja a econômica (empregadores). Seu caráter coletivo e genérico é, assim, manifesto".

Ressaltamos que a participação do sindicato na elaboração da convenção coletiva é parte essencial do procedimento.

Jorge Neto e Cavalcante (2015, p. 1.444) explicam que, "na ordem jurídico-brasileira, os sindicatos são os sujeitos legitimados para negociar as convenções coletivas de trabalho. Os sindicatos legitimados são os da categoria e base territorial, não sendo possível a uma outra entidade sindical negociar fora dos limites da sua base territorial".

Acordo coletivo

O acordo coletivo, documento que tem como base o disposto no art. 611, parágrafo 1º, da CLT, é o acordo de caráter normativo pelo qual o sindicato profissional celebra, com uma ou mais empresas da correspondente categoria econômica, condições de trabalho aplicáveis no âmbito da empresa ou das empresas acordantes às respectivas relações de trabalho.

Consoante explica Santos (2019, p. 143), "o acordo coletivo de trabalho é firmado por empresa ou empresas e sindicato dos trabalhadores, aplicável somente aos envolvidos". Segundo a autora, do ponto de vista formal, os acordos coletivos de trabalho "traduzem acordo de vontades (contrato *lato sensu*) – à semelhança das convenções –, embora com especificidade no tocante aos sujeitos pactuantes e âmbito de abrangência" (Santos, 2019, p. 143).

Por sua vez, para Cassar (2018, p. 1.286),

> acordo coletivo de trabalho é o negócio jurídico extrajudicial efetuado entre sindicato dos empregados e uma ou mais empresas, onde se estabelecem condições de trabalho,

obrigando as partes acordantes dentro do período de vigência predeterminado e na base territorial da categoria – art. 611, § 1ª, da CLT, [...] suas cláusulas são comandos abstratos, gerais e impessoais. Em face disto, a convenção ou acordo coletivo se assemelham à lei.

O estabelecido em acordo coletivo faz lei entre as partes convenentes.

— 3.4.2 —
Convencionado sobre o legislado (art. 611-A da CLT)

Os instrumentos normativos, como documentos de fundamental importância para a solução dos conflitos e pacificação das relações de trabalho, recebem a inovação do disposto no *caput* do art. 611-A da CLT, sendo uma forma de reconhecimento aos instrumentos coletivos negociados, uma vez que "a convenção coletiva e o acordo coletivo de trabalho têm prevalência sobre a lei" (Brasil, 1943, 2017), desde que disponham sobre determinadas matérias relacionadas nos incisos do referido artigo.

De acordo com Martinez (2018, p. 184),

> o artigo 611-A da CLT é uma inovação, talvez a mais representativa da chamada reforma trabalhista de 2017. Ela encarna a ideia de que o negociado há de prevalecer sobre o legislado

em relação às determinadas matérias e que isso se dá por conta do respeito ao direito fundamental de reconhecimento dos instrumentos coletivos negociados como fonte de direito.

Vejamos o rol das matérias que prevalecem sobre a lei quando dispostas em convenção ou acordo coletivo, segundo o art. 611-A da CLT:

> I – pacto quanto à jornada de trabalho, observados os limites constitucionais;
>
> II – banco de horas anual;
>
> III – intervalo intrajornada, respeitado o limite mínimo de trinta minutos para jornadas superiores a seis horas;
>
> VI – adesão ao Programa Seguro-Emprego (PSE), de que trata a Lei 13.189, de 19 de novembro de 2015;
>
> V – plano de cargos, salários e funções compatíveis com a condição pessoal do empregado, bem como identificação dos cargos que se enquadram como funções de confiança;
>
> VI – regulamento empresarial;
>
> VII – representante dos trabalhadores no local de trabalho;
>
> VIII – teletrabalho, regime de sobreaviso, e trabalho intermitente;
>
> IX – remuneração por produtividade, incluídas gorjetas percebidas pelo empregado, e remuneração por desempenho individual;
>
> X – modalidade de registro de jornada de trabalho;

XI – troca do dia de feriado;

XII – enquadramento do grau de insalubridade;

XIII – prorrogação de jornada em ambientes insalubres, sem licença prévia das autoridades competentes do Ministério do Trabalho;

XIV – prêmios de incentivo em bens ou serviços, eventualmente concedidos em programas de incentivo;

XV – participação nos lucros ou resultados da empresa. (Brasil, 1943, 2017)

O rol constante do *caput* do art. 611-A pode ser objeto de negociação, ou seja, não é exaustivo. A locução, entre outros aspectos, deixa clara a intenção de que outros direitos podem ser incluídos no rol de negociação.

— 3.4.3 —
Objeto ilícito nas convenções ou nos acordos coletivos

Mais uma novidade trazida pela Lei n. 13.467/2017 é o disposto no art. 611-B da CLT, que, segundo Martinez (2018, p. 187), "funciona como freio para a generalização da prevalência do negociado sobre o legislado".

Conforme citado anteriormente, a negociação coletiva, por meio de seus instrumentos de negociação, tem como objetivo a melhoria de condições sociais e de trabalho, de acordo com o que preconiza o inciso XXVI do art. 7º da Constituição Federal, que trata do "reconhecimento da norma coletiva", e o *caput* do mesmo artigo, que cita o rol de direitos fundamentais trabalhistas (Brasil, 1988).

Entretanto, o legislador, no art. 611-B da CLT, ao disciplinar os parâmetros de negociação, afeta diretamente o princípio da adequação setorial negociada, pois fixa limites de negociação coletiva trabalhista.

Afirmam Souza Júnior et al. (2017, p. 306) que, "ao listar as matérias que não poderão ser objeto de flexibilização redutora de direitos, o legislador optou por usar o termo exclusivamente", passando a ideia de que apenas os direitos identificados "no art. 611-B, da CLT, são de indisponibilidade absoluta e que, portanto, conduziriam à nulidade do ajuste coletivo que não respeitasse as disposições mínimas de proteção ao trabalho decorrentes da regulamentação de tais temas".

Vejamos, a seguir, rol previsto no art. 611-B da CLT:

> I – normas de identificação profissional, inclusive as anotações na Carteira de Trabalho e Previdência Social;
>
> II – seguro-desemprego, desemprego involuntário; em caso de desemprego invonluntário;
>
> III – valor dos depósitos mensais e da indenização rescisória do Fundo de Garantia do Tempo de Serviço (FGTS);
>
> IV- salário mínimo;

V - valor nominal do décimo terceiro salário;

VI - remuneração do trabalho noturno superior à do diurno;

VII - proteção do salário na forma da lei, constituindo crime sua retenção dolosa;

VIII - salário-família;

IX - repouso semanal remunerado;

X - remuneração do serviço extraordinário superior, no mínimo, em 50% (cinquenta por cento) à do normal;

XI - número de dias de férias devidas ao empregado;

XII - gozo de férias anuais remuneradas com, pelo menos, um terço a mais do que o salário normal;

XIII - licença-maternidade com a duração mínima de cento e vinte dias;

XIV - licença-paternidade nos termos fixados em lei;

XV - proteção do mercado de trabalho da mulher, mediante incentivos específicos, nos termos da lei;

XVI - aviso prévio proporcional ao tempo de serviço, sendo no mínimo de trinta dias, nos termos da lei;

XVII - normas de saúde, higiene e segurança do trabalho previstas em lei ou em normas regulamentadoras do Ministério do Trabalho;

XVIII - adicional de remuneração para as atividades penosas, insalubres ou periculosas;

XIX - aposentadoria;

XX - seguro contra acidentes do trabalho, a cargo do empregador;

XXI – ação, quanto aos créditos resultantes das relações de trabalho, com prazo prescricional de cinco anos para os trabalhadores urbanos e rurais, até o limite de dois anos após a extinção do contrato de trabalho;

XXII – proibição de qualquer discriminação no tocante a salário e critérios de admissão do trabalhador com deficiência;

XXIII – proibição de trabalho noturno, perigoso ou insalubre a menores de dezoito anos e de qualquer trabalho a menores de dezesseis anos, salvo na condição de aprendiz, a partir dos quatorze anos;

XXIV – medidas de proteção legal de crianças e adolescentes;

XXV – igualdade de direitos entre o trabalhador com vínculo empregatício permanente e o trabalhador avulso;

XXVI – liberdade de associação profissional ou sindical do trabalhador, inclusive o direito de não sofrer, sem sua expressa e prévia anuência, qualquer cobrança ou desconto salarial estabelecidos em convenção coletiva ou acordo coletivo de trabalho;

XXVII – direito de greve, competindo aos trabalhadores decidir sobre a oportunidade de exercê-lo e sobre os interesses que devam por meio dele defender;

XXVIII – definição legal sobre os serviços ou atividades essenciais e disposições legais sobre o atendimento das necessidades inadiáveis da comunidade em caso de greve;

XXIX – tributos e outros créditos de terceiros;

XXX – as disposições previstas nos arts. 373-A, 390, 392, 392-A, 394, 394-A, 395, 396 e 400 desta Consolidação. (Brasil, 1943, 2017)

Sobre o tema, vale destacar importante observação de Delgado e Delgado (2017, p. 269), que entendem que tal rol, em "seus incisos I a XXX, projeta o princípio da adequação setorial negociada ao estabelecer limites jurídicos objetivos à criatividade jurídica da negociação coletiva trabalhista, proibindo a supressão ou a redução dos direitos trabalhistas de indisponibilidade absoluta ali elencados".

Ainda no referido art. 611-B, achou por bem o legislador inserir o parágrafo único e declarar que matérias pertinentes à duração do trabalho e de intervalos não sejam consideradas como normas de saúde, higiene e segurança do trabalho para os fins do disposto no referido artigo – trata-se de efetivamente violação constitucional aos artigos: 7º, *caput* e inciso XXII; 200, inciso VIII; e 225, *caput*, e à Convenção n. 155 da OIT (2021a), incorporada ao ordenamento pátrio pelo Decreto n. 1.254, de 29 de setembro de 1994, que trata da segurança e saúde no trabalho (Brasil, 1994).

— 3.5 —
Elementos essenciais das convenções ou dos acordos coletivos

A CLT, especialmente em seu art. 613, apresenta um rol de itens que devem constar nos instrumentos coletivos de trabalho, entre eles:

> I – Designação dos Sindicatos convenentes ou dos Sindicatos e empresas acordantes;

II - Prazo de vigência;

III - Categorias ou classes de trabalhadores abrangidas pelos respectivos dispositivos;

IV - Condições ajustadas para reger as relações individuais de trabalho durante sua vigência;

V - Normas para a conciliação das divergências sugeridas entre os convenentes por motivos da aplicação de seus dispositivos;

VI - Disposições sobre o processo de sua prorrogação e de revisão total ou parcial de seus dispositivos;

VII - Direitos e deveres dos empregados e empresas;

VIII - Penalidades para os Sindicatos convenentes, os empregados e as empresas em caso de violação de seus dispositivos. (Brasil, 1943)

Com relação aos requisitos essenciais nos instrumentos coletivos, o Tribunal Superior do Trabalho (TST) tem se posicionado da seguinte forma:

32. REIVINDICAÇÕES DA CATEGORIA. FUNDAMENTAÇÃO DAS CLÁUSULAS. NECESSIDADE. APLICAÇÃO DO PRECEDENTE NORMATIVO Nº 37 DO TST (inserida em 19.08.1998)

É pressuposto indispensável à constituição válida e regular da ação coletiva a apresentação em forma clausulada e fundamentada das reivindicações da categoria, conforme orientação do item VI, letra 'e', da Instrução Normativa nº 4/93. (Brasil, 1998e)

SÚMULA 286. SINDICATO. SUBSTITUIÇÃO PROCESSUAL. CONVENÇÃO E ACORDO COLETIVOS (mantida) – Res. 121/2003, DJ 19, 20 e 21.11.2003

A legitimidade do sindicato para propor ação de cumprimento estende-se também à observância de acordo ou de convenção coletivos. (Brasil, 2003f)

— 3.5.1 —
Depósito, registro e arquivo

O *caput* do art. 614 da CLT estabelece normas a serem obedecidas pelos sindicatos convenentes ou pelas empresas acordantes quanto ao depósito, registro e arquivo dos instrumentos de convenção ou acordo firmados, ou seja:

- as partes envolvidas (sindicatos convenentes ou empresas acordantes) "promoverão, conjunta ou separadamente, dentro de 8 (oito) dias da assinatura da Convenção ou Acordo" (Brasil, 1943).
- o depósito de uma via desse documento "para fins de registro e arquivo, no Departamento Nacional do Trabalho, em se tratando de instrumento de caráter nacional ou interestadual, ou nos órgãos regionais do Ministério do Trabalho e Previdência Social, nos demais casos" (Brasil, 1943).

Determina ainda o parágrafo 1º do referido artigo que "as Convenções e os Acordos entrarão em vigor 3 (três) dias após a data da entrega dos mesmos no órgão referido neste artigo" (Brasil, 1943).

Com relação à publicidade, prevê o parágrafo 2º do art. 614 que, dentro de 5 (cinco) dias da data do depósito, deverão ser afixadas de modo visível, cópias autênticas das Convenções e dos Acordos, pelos Sindicatos convenentes, "nas respectivas sedes e nos estabelecimentos das empresas compreendidas no seu campo de aplicação" (Brasil, 1943).

Sobre o assunto, confiram-se as Orientações Jurisprudenciais do TST:

> 08. DISSÍDIO COLETIVO. PAUTA REIVINDICATÓRIA NÃO REGISTRADA EM ATA. CAUSA DE EXTINÇÃO (inserida em 27.03.1998)
>
> A ata da assembleia de trabalhadores que legitima a atuação da entidade sindical respectiva em favor de seus interesses deve registrar, obrigatoriamente, a pauta reivindicatória, produto da vontade expressa da categoria. (Brasil, 1998b)

> 34. ACORDO EXTRAJUDICIAL. HOMOLOGAÇÃO. JUSTIÇA DO TRABALHO. PRESCINDIBILIDADE (inserida em 07.12.1998)
>
> É desnecessária a homologação, por Tribunal Trabalhista, do acordo extrajudicialmente celebrado, sendo suficiente, para que surta efeitos, sua formalização perante o Ministério do Trabalho (art 614 da CLT e art. 7º, inciso XXXV (*), da Constituição Federal)
>
> (*) **Errata**: onde se lê "inciso XXXV", leia-se "inciso XXVI". (Brasil, 1998f)

35. EDITAL DE CONVOCAÇÃO DA AGT. DISPOSIÇÃO ESTATUTÁRIA ESPECÍFICA. PRAZO MÍNIMO ENTRE A PUBLICAÇÃO E A REALIZAÇÃO DA ASSEMBLÉIA. OBSERVÂNCIA OBRIGATÓRIA (inserida em 07.12.1998)

Se os estatutos da entidade sindical contam com norma específica que estabeleça prazo mínimo entre a data de publicação do edital convocatório e a realização da assembleia correspondente, então a validade desta última depende da observância desse interregno. (Brasil, 1998g)

— 3.5.2 —
Duração e ultratividade (art. 614, parágrafo 3º, da CLT)

No que se refere à duração, ou melhor, ao prazo de vigência da convenção coletiva ou do acordo coletivo de trabalho, a CLT determina que não será permitido estipular duração superior a 2 (dois) anos.

Nesse sentido, é preciso observar o teor da Orientação Jurisprudencial n. 322 da SBDI-1 do TST:

> Nos termos do art. 614, § 3º, da CLT, é de 2 anos o prazo máximo de vigência dos acordos e das convenções coletivas. Assim sendo, é inválida, naquilo que ultrapassa o prazo total de 2 anos, a cláusula de termo aditivo que prorroga a vigência do instrumento coletivo originário por prazo indeterminado. (Brasil, 2003d)

Com relação à ultratividade, esta é vedada de acordo com a redação final do parágrafo 3º do art. 614 da CLT. Vale esclarecer que o referido fenômeno jurídico somente poderia ocorrer quando as normas coletivas continuavam a ser aplicadas mesmo após o término de suas vigências.

Dessa forma, com a redação dada ao parágrafo 3º do art. 614 pela Lei n. 13.467/2017, fica superada a aplicação do disposto na Súmula n. 277 do TST (Brasil, 2012b).

— 3.5.3 —
Acordo coletivo de trabalho sobre convenção coletiva de trabalho (art. 620 da CLT)

De acordo com o art. 620 da CLT, "As condições estabelecidas em acordo coletivo de trabalho sempre prevalecerão sobre as estipuladas em convenção coletiva de trabalho" (Brasil, 1943), o que significa que, diante existência de um acordo coletivo de trabalho (ACT) e de uma convenção coletiva de trabalho (CCT), vigentes e aplicáveis aos mesmos contratos de trabalho, nos termos do que dispõe a lei vigente, tem prevalência o ACT, por ser mais específico para determinada categoria profissional em dada empresa.

Com base nisso, afirma Martinez (2018, p. 196) que "o legislador da reforma trabalhista resolveu dar ao acordo coletivo de trabalho uma posição hierarquicamente mais elevada do que a da convenção coletiva de trabalho em qualquer situação". Consulte um modelo de CCT no Anexo A e um modelo de ACT no Anexo B ao final deste livro.

Nos termos do art. 611, parágrafo 1º, da CLT, o ACT é celebrado pelo sindicato profissional com uma ou mais empresas da correspondente categoria econômica, podendo ser aplicado de forma total ou parcial aos empregados de determinada empresa.

— 3.6 —
Formas de solução de conflitos

Os aspectos aqui analisados são relativos à diminuição de demandas da Justiça do Trabalho em razão do aumento das formas extrajudiciais de solução de conflitos, quais sejam: conciliação, mediação e arbitragem. Vejamos cada uma delas a seguir.

Conciliação

Trata-se da mais utilizada espécie de solução extrajudicial de conflito, de âmbito coletivo e individual. A conciliação é a primeira forma de solução de controvérsias, em que as partes entram em acordo de forma voluntária, sem a necessidade de nomeação de um terceiro.

A conciliação é uma forma consensual de solução de conflitos trabalhistas, sendo, nesse ponto, um modo de autocomposição. Mas não é mediação. É utilizada para a composição dos conflitos individuais. Os conflitos coletivos podem prever órgãos de conciliação entre as partes. Os convênios coletivos podem, além de prever órgãos de conciliação, disciplinar as regras para sua atuação (Brasil, 1943, art. 625-C).

Ainda, de acordo com o disposto no art. 613, inciso V, da CLT, as convenções e os acordos coletivos devem conter, em seus textos, normas para a conciliação das divergências que venham a ocorrer: "Art. 613. As Convenções e os Acordos deverão conter obrigatoriamente: [...] V – normas para a conciliação das divergências surgidas entre os convenentes por motivos da aplicação de seus dispositivos" (Brasil, 1943).

A conciliação, conforme explicam Nascimento e Nascimento (2015, p. 394), "pode ser uma fase pré-processual ou intraprocessual, na conformidade das leis, que tanto podem dar-lhe um como outro caráter. Pode ser uma fase anterior ao processo judicial ou uma fase dele, no seu início ou enquanto não estiver proferida a decisão judicial". Cassar (2018, p. 1.279) menciona que "na conciliação as partes chegam, por si sós, à solução do conflito. O terceiro apenas aproxima os pontos de vista das partes".

Mediação

A mediação é a forma de autocomposição de controvérsia, com a participação de um terceiro (mediador), escolhido pelas partes, depois de esgotadas todas as possibilidades de negociação direta ou pela impossibilidade de fazê-la.

A decisão do terceiro (mediador) não tem valor de sentença judicial e, por essa razão, sua orientação deve ser muito mais clara e objetiva, além de convincente, pois, caso as partes não a aceitem, nada terá caráter obrigatório.

Conforme define Ruprecht (1995, p. 919), "é um meio de solução dos conflitos coletivos de trabalho, pelo qual as partes comparecem perante um órgão ou uma pessoa, designados por elas ou instituído judicialmente, o qual propõe uma solução, que pode ou não ser por elas acolhida".

Nas palavras de Cassar (2018, p. 1.280), "a mediação normalmente é extrajudicial e se utiliza de um terceiro, estranho à lide, para mediar o conflito. O mediador é um terceiro imparcial que ajuda a composição da lide e nada decida, apenas auxilia as partes a chegarem a um consenso".

Arbitragem

A arbitragem é a forma extrajudicial de solução de conflitos por meio de terceiros (árbitros), escolhidos pelas partes, os quais proferirão decisão que tem importância como a de uma sentença judicial, conforme acordo escrito.

A arbitragem, quanto à sua adoção, é, quase sempre, facultativa e voluntária. Esse aspecto não deve desautorizar sua classificação entre as figuras autocompositivas. Contudo, "a decisão proferida na arbitragem não é fruto do poder decisório das partes, mas do árbitro, investido por elas de poderes para esse fim, sendo esse o seu aspecto heterônomo" (Nascimento; Nascimento, 2015, p. 390).

O art. 114, parágrafo 2º, da Constituição Federal prevê "o emprego da arbitragem apenas no âmbito dos conflitos coletivos de trabalho, com a utilização de árbitros eleitos pelas partes nas negociações coletivas, em nada se refere aos conflitos individuais" (Brasil, 1988).

Complementando, temos as seguintes legislações infraconstitucionais sobre a arbitragem:

- **Lei n. 9.307, de 23 de setembro de 1996, e Lei n. 13.129, de 26 de maio de 2015**: legislação sobre arbitragem, plenamente aplicável em direitos coletivos (Brasil, 1996, 2015).
- **Lei n. 10.101, de 19 de dezembro de 2000**: estabelece regras sobre a participação dos trabalhadores nos lucros ou resultados das empresas, prevendo, no caso de impasse na negociação para sua utilização pelas partes, a utilização de mediação ou de arbitragem neste último caso, "considera-se arbitragem de de ofertas finais" (Brasil, 2000a). Isso significa que o árbitro deve restringir-se a optar pela proposta apresentada, em caráter definitivo, por uma das partes, e o laudo arbitral deve ter força normativa, mesmo sem a homologação judicial.

Arbitragem e o trabalhador hipersuficiente

Com a Reforma Trabalhista (Lei n. 13.467/2017), ao dar nova redação ao art. 444, acrescentando o parágrafo único, criou-se uma nova figura no Direito do Trabalho: a do trabalhador hipersuficiente, aquele trabalhador contratado de forma individual que é: "a) portador de diploma de nível superior; e b) que perceba salário mensal ou superior a duas vezes o limite máximo dos benefícios do Regime Geral de Previdência Social" (Brasil, 1943, 2017).

O referido trabalhador pode, diante de sua especificidade, valer-se de: (a) ampla liberdade de negociação das condições de trabalho, em acordo individual, nos mesmos moldes previstos para a negociação coletiva que afeta aos empregados em geral (CLT, art. 444, par. único, e art. 611-A); e (b) conforme os termos do art. 507-A, em seus contratos, "poderá ser pactuada cláusula compromissória de arbitragem, desde que por iniciativa do empregado ou mediante a sua concordância expressa, nos termos previstos na Lei n. 9.307, de 23 de setembro de 1996" (Brasil, 1943, 2017).

A inserção do empregado portador de diploma no inciso V do art. 611-A, podendo a convenção ou acordo coletivo dispor sobre os direitos dessa espécie de trabalhador e, de forma específica, podendo este "renunciar ao Capítulo 'Da Duração do Trabalho'", enseja dúvida entre os doutrinadores. No sentido da renúncia de direitos, Cassar (2018, p. 314), sobre tal situação, menciona duas posições:

> Aqueles que defendem a validade da renúncia praticada pelos empregados pois a lei expressamente impediu o Judiciário Trabalhista de analisar o conteúdo das normas coletivas (art. 8º, § 2º da CLT, salvo quanto a vícios contidos no art. 104 do CC) e outros, em sentido oposto, defendendo que não pode o ajuste prevalecer sobre a realidade (princípio da primazia da realidade) e por que o direito é irrenunciável.

Delgado (2020, p. 448-449) entende pela invalidade da renúncia em razão de dois motivos:

1. Por ser cláusula leonina, ou seja,

> como o contrato de trabalho se trata, manifestamente, de um contrato de adesão, pode se estimar o caráter leonino de tal cláusula de inserção desse grupo de empregados em condições contratuais abaixo das fixadas em lei e, até mesmo, abaixo das fixadas na negociação coletiva concernente à respectiva categoria profissional,

2. Em razão de revelar-se verdadeiro ato discriminatório: "a discriminação, no caso, evidencia-se não apenas em face de ser erigida a partir da qualificação intelectual e científica

do empregado (introduzindo-se, na ordem jurídica, critério bastante esdrúxulo: quanto mais qualificado for o empregado, mais discriminado será)".

— 3.6.1 —
Proteções à livre negociação coletiva constantes na Lei n. 13.467/2017

A Justiça do Trabalho, ao analisar convenção coletiva ou o acordo coletivo de trabalho, deve observar, exclusivamente, a conformidade dos elementos essenciais do negócio jurídico, isto é, agente capaz, objeto lícito, forma prescrita ou não defesa em lei (art. 611-A, § 1º, e art. 8º, § 3º, ambos da CLT) (Brasil, 1943).

A Justiça do Trabalho e as demais autoridades públicas devem respeitar o princípio da intervenção mínima na autonomia da vontade coletiva (art. 611-A, § 1º, e art. 8º, § 3º, ambos da CLT) (Brasil, 1943).

Regras sobre duração do trabalho e de intervalos podem ser objeto de negociação coletiva por não se referirem à saúde, higiene e segurança do trabalho (Brasil, 1943, art. 611-B, parágrafo único).

A inexistência de expressa indicação de contrapartidas recíprocas em convenção coletiva ou acordo coletivo de trabalho não é motivo para sua nulidade, uma vez que não se trata de um vício do negócio jurídico. À única exceção a essa regra é quanto ao pacto para reduzir salário ou jornada de trabalho, o qual deve prever, obrigatoriamente, a proteção dos empregados atingidos pela redução contra dispensa imotivada durante o prazo de vigência do ACT ou do CCT (Brasil, 1943, art. 611-A, § 2º e § 3º).

Caso exista cláusula compensatória (contrapartida recíproca), é obrigatória sua anulação conjunta se uma ação coletiva for sucedida na anulação de cláusula de convenção coletiva ou de acordo coletivo de trabalho (Brasil, 1943, art. 611-A, § 4º).

Os sindicatos subscritores dos instrumentos coletivos são obrigados a participar de ações coletivas que objetivem a anulação de cláusulas coletivas mediante litisconsórcio passivo necessário (Brasil, 1943, art. 611-A, § 5º).

Capítulo 4

*Greve, dissídio coletivo
e demais atos coletivos*

A greve surge como um movimento reivindicatório dos trabalhadores perante os empregadores. Conforme explica Brito Filho (2019, p. 286), "diversas são as definições dadas à greve, [a depender] da visão do intérprete, este ato coletivo de protesto é conceituado com maior ou menor amplitude".

Brito Filho (2019, p. 285) assinala que para "a concepção político-trabalhista, que corresponde ao modelo dinâmico, a greve seria ato amplo de protesto, podendo ser utilizado [sic] pelos mais variados motivos, não tendo de ser, necessariamente, voltada para a defesa de interesses do trabalhador no âmbito da relação capital-trabalho".

Por sua vez, a "concepção econômico-profissional, correspondente ao modelo trabalhista ou estático, compreende a greve como ato mais restritivo, limitado à defesa dos interesses profissionais dos trabalhadores" (Brito Filho, 2019, p. 285).

— 4.1 —

Greve

A greve, de acordo com o art. 2º da Lei 7.783, de 28 de junho de 1989, é um exercício legítimo, que resulta na suspensão coletiva, temporária e pacífica, total ou parcial, de prestação pessoal de serviços a empregador (Brasil, 1989).

A greve, segundo Jorge Neto e Cavalcante (2015, p. 1.401),

> surge como um movimento reivindicatório dos trabalhadores perante os empregadores. A história informa que mesmo no Egito antigo existiram alguns movimentos grevistas com fins reivindicatórios. Porém nos moldes que a conhecemos surge junto com o Direito do Trabalho através dos movimentos de reivindicação ocorridos no período da Revolução Industrial.

Conforme leciona Cassar (2018, p. 38), o termo *greve*

> tem origem no francês *grève*, com o mesmo sentido, proveniente da *Place de Grève*, em Paris, na margem do Sena, lugar de embarque e desembarque de navios onde vários gravetos eram trazidos pelo rio Sena. O termo *greve* significa originalmente "terreno plano composto de cascalho ou areia à margem do mar ou do rio".

Sob "o aspecto histórico, são indicadas três etapas, ou seja, a greve é entendida: a) como delito – período de proibição; b) como ilícito civil – período de tolerância; c) como liberdade – período de reconhecimento" (Jorge Neto; Cavalcante, 2015, p. 1.401).

As referidas fases ficam claras no Brasil quando se apresentam:

(a) como ilícito penal (delito) e civil (resolução contratual); (b) deixa de constituir um ilícito penal, havendo somente a ilicitude civil, havendo a sua tolerância; e (c) por fim, passa a ser tida como direito, de natureza constitucional, como forma de atuação de legítima defesa dos trabalhadores, visando à recomposição coletiva do antagonismo entre o capital e o trabalho. (Jorge Neto; Cavalcante, 2015, p. 1.401)

Conforme o previsto no art. 9º da Constituição Federal de 1988, admite-se o direito de greve para os setores público e privado. A regulamentação legal mediante lei complementar para o serviço privado ocorre por meio da Lei n. 7.783/1989, porém, não para o serviço público (Brasil, 1989).

O conceito legal de greve sofreu modificações no Brasil, decorrentes da previsão constitucional (de 1937 a 1988) (Nascimento, 1989, p. 503). A Constituição Federal (Brasil, 1988, art. 9º) é mais liberal e conceitua *greve* como "a paralisação coletiva provisória, parcial ou total, das atividades dos trabalhadores em face de seus empregadores ou tomadores de serviço, com o objetivo de exercer pressão, visando a defesa ou conquista de interesses coletivos, ou com objetivos sociais mais amplos".

Conforme explica Brito Filho (2019, p. 288),

> em relação aos meios de solução de conflitos o que revela, de fato, a força dos trabalhadores, quando bem manejado, é a greve, pelo impacto que produza dentro da relação capital-trabalho, sendo a abstenção do trabalho, por vezes, a única forma de encontrar o ponto de equilíbrio para a solução do conflito.

Ainda segundo Brito Filho (2019, p. 289), "diversas são as definições dadas à greve, dependendo da visão do intérprete, este ato coletivo de protesto é conceituado com maior ou menor amplitude".

Para a "concepção político-trabalhista, que corresponde ao modelo dinâmico, a greve seria ato amplo de protesto, podendo ser utilizado pelos mais variados motivos, não tendo de ser, necessariamente, voltada para a defesa de interesses do trabalhador no âmbito da relação capital-trabalho" (Brito Filho, 2019, p. 289).

Por sua vez, a concepção econômico-profissional

> correspondente ao modelo trabalhista ou estático, compreende a greve como ato mais restritivo, limitado à defesa dos interesses profissionais dos trabalhadores, admitindo-se,

dentro desta concepção, dois tipos de greve: a) greve econômica – que seria o ato de protesto voltado contra o empregador, em busca de melhoria ou manutenção de condições de trabalho; e b) greve político-econômica, e que seria voltada contra atos do Estado, mas que se refletem, diretamente, na relação entre o capital e o trabalho. (Brito Filho, 2019, p. 286)

Diante das concepções ora citadas, podemos inferir que o movimento de greve sempre está direcionado à defesa de interesses dos trabalhadores.

— 4.1.1 —
Definição, natureza jurídica e procedimentos de greve

A fim de se entender "o instituto da greve, deve-se compreender a natureza jurídica do instituto, verificando-se o setor a que pertence a greve na ciência, pressuposto do qual decorrerão implicações quanto à sua exata dimensão" (Nascimento; Nascimento, 2015, p. 512).

No entanto, explica Cassar (2018, p. 1.315) que "apontar a natureza jurídica da greve tem sido um árduo trabalho da doutrina que, até hoje, não chegou a um consenso a respeito", razão pela qual se adota a definição de que a "natureza jurídica da greve é de direito potestativo coletivo". Trata-se, portanto, de "direito potestativo, porque exercido de acordo com a oportunidade e conveniência do grupo" (Cassar, 2018, p. 1.316).

Para Nascimento e Nascimento (2015, p. 512),

> a greve é estudada por vários ramos da ciência, como a sociologia, que se ocupa do levantamento das greves, tal como se exercem no grupo social quanto aos tipos, ao número, aos motivos, aos setores de atividade, enfim, o retrato da greve como movimento operário, tal como e não como a descrevem as leis; ângulo que amplia bastante o universo em estudo e que compete aos sociólogos. A greve é compreendida como fato social, valorado por algumas, unicamente registrado por outras correntes da sociologia.
>
> A ciência da economia também se ocupa da greve, em especial dos efeitos das horas paradas na produção da empresa e do país, os danos causados pela greve à economia, o mal que representa em termos de produtividade etc.
>
> [...]
>
> A ciência da administração, também estuda a greve combinando os aspectos econômicos com os das relações humanas, para tentar harmonizá-los com a adoção de técnicas capazes de evitar a greve, desmobilizar os trabalhadores, oferecer-lhes alternativas, como os meios de participação na empresa por intermédio de comissões de fábrica, integração na vida e desenvolvimento da empresa e outras formas.

A ciência do direito tem como ponto de partida de investigação as normas jurídicas sobre a greve e suas diferenciações no espaço e no tempo, por descrição e valoração, a fim de compreender a greve em suas diversas dimensões.

Assim, segundo Jorge Neto e Cavalcante (2015, p. 1.405), o fundamento da greve à luz do direito pode ser compreendido sob os seguintes aspectos:

> A) greve-delito – Concepção paternalista e autoritária do Estado. O Estado aparelhado de órgãos destinados a solucionar por via impositiva os conflitos coletivos;
>
> B) greve-liberdade – Concepção liberal do Estado. O Estado assiste como mero espectador, somente é acionado para fins de punição quando enseja violência ou atos de vandalismo;
>
> C) greve-direito – Concepção social democrática do Estado. A greve é considerada socialmente útil e é protegida pelo ordenamento jurídico.

Perante o ordenamento jurídico nacional, a greve é considerada um direito reconhecido decorrente da liberdade do trabalho, mas não de cunho irrestrito, podendo haver punição quanto aos excessos, além do que encontra restrições quanto aos serviços ou atividades essenciais (art. 9º, § 1º e § 2º, Constituição Federal, e art. 1º, Lei n. 7.783/1989).

Desse modo, a greve pode ser definida como um movimento dos trabalhadores que tem a finalidade de obter e de conquistar direitos, envolvendo a suspensão dos trabalhos para o empregador.

A greve, para Cassar (2018, p. 1.316), é "a exteriorização do conflito existente entre a classe trabalhadora e o patrão acerca das questões pendentes que, apesar das tentativas de negociação, persistem. Sua finalidade é a de pressionar o empregador para ceder em alguns pontos".

Delgado (2020, p. 1.737) cita que a greve tem como finalidade "propiciar o alcance de certo resultado concreto, em decorrência do convencimento da parte confrontada. É movimento concertado para objetivos definidos, em geral, de natureza econômico-profissional ou contratual".

O procedimento de greve envolve: (a) fase preparatória: inicia-se com a Assembleia Sindical, em que são definidas as reivindicações, negociações e, posteriormente, os objetivos do movimento; (b) fase de desenvolvimento: em sendo frustrada a negociação ou, até mesmo, verificada a impossibilidade de recurso via tentativa arbitral, é facultada a cessação coletiva do trabalho (art. 3º, Lei n. 7.783/1989).

Fase preparatória

A fase preparatória tem início com a obrigatoriedade da tentativa de negociação, uma vez que a lei não autoriza o início da paralisação a não ser se resultar frustrada a negociação, inclusive com a tentativa via arbitral (art. 114, Constituição Federal, e Lei n. 7.783/1989). Portanto, faz-se necessário que os interessados, mediante assembleia sindical, definam de forma clara quais são as reivindicações, informem ao empregador e efetivamente desenvolvam tratativas de negociação, a saber: "Art. 3º Frustrada a negociação ou verificada a impossibilidade de recursos via arbitral, é facultada a cessação coletiva do trabalho" (Brasil, 1989).

O Tribunal Superior do Trabalho (TST), pela Seção de Dissídios Coletivos, fez publicar a Orientação Jurisprudencial n. 11 SDC, que trata sobre a necessidade da negociação:

> 11. GREVE. IMPRESCINDIBILIDADE DE TENTATIVA DIRETA E PACÍFICA DA SOLUÇÃO DO CONFLITO. ETAPA NEGOCIAL PRÉVIA. (inserida em 27.03.1998)
>
> É abusiva a greve levada a efeito sem que as partes hajam tentado, direta e pacificamente, solucionar o conflito que lhe constitui o objeto. (Brasil, 1998d).

Assembleia sindical

A greve é deliberada em assembleia geral convocada pela entidade sindical (art. 4º, Lei n. 7.783/1989) e de acordo com as formalidades previstas em seu estatuto. Trata-se de requisito cuja observância leva à legalidade do movimento, visto que, conforme cita Delgado (2020, p. 1.747), "a lei respeita os critérios e formalidades de convocação e quórum assembleares fixados no correspondente estatuto sindical".

É na assembleia sindical que efetivamente são definidas as reivindicações, os interesses a defender, bem como os meios de negociação, as comunicações à empresa e como e quando ocorrerá a paralisação das atividades e se esta será total ou parcial.

"Na falta de entidade sindical a assembleia será entre trabalhadores interessados (art. 4º, § 2º, Lei nº 7.783/89), que constituirão uma comissão para representa-los, inclusive, se for o caso, perante a Justiça do Trabalho" (Nascimento; Nascimento, 2015, p. 506).

Conforme dispõe a Lei n. 7.783/1989:

> Art. 4º Caberá à entidade sindical correspondente **convocar**, na forma do seu estatuto, assembleia geral que definirá as **reivindicações da categoria** e **deliberará sobre a paralisação** coletiva da prestação de serviços.
>
> § 1º O estatuto da entidade sindical deverá prever as formalidades de convocação e **o *quorum* para a deliberação**, tanto da **deflagração** quanto da **cessação** da greve.
>
> § 2º **Na falta** de entidade sindical, a **assembleia geral dos trabalhadores interessados** deliberará para os fins previstos no *caput*, constituindo comissão de negociação.
>
> Art. 5º A entidade sindical ou comissão especialmente eleita representará os interesses dos trabalhadores nas negociações ou na Justiça do Trabalho. (Brasil, 1989, grifo nosso)

Observação

OJ n. 13, SDC, TST. Legitimação da entidade sindical. Assembleia deliberativa. "Quorum" de validade. Art. 612 da CLT (cancelada) – DJ 24.11.2003: "Mesmo após a promulgação da Constituição Federal de 1988, subordina-se a validade da assembleia de trabalhadores que legitima a atuação da entidade sindical respectiva em favor de seus interesses à observância do 'quórum' estabelecido no art. 612 da CLT" (Brasil, 2003c).

Fundamental também é a pauta de reivindicações que deve estar na ata da assembleia, sob pena de nulidade do movimento, conforme se depreende do seguinte posicionamento do TST:

> DISSÍDIO COLETIVO DE NATUREZA ECONÔMICA ANTERIOR À LEI Nº 13.467/2017 – ILEGITIMIDADE ATIVA DO SINDICATO PROFISSIONAL – PRELIMINAR ARGUIDA DE OFÍCIO – AUSÊNCIA DE TRANSCRIÇÃO DA PAUTA DE REIVINDICAÇÕES NA ATA DA ASSEMBLEIA – QUÓRUM DE APROVAÇÃO DA INSTAURAÇÃO DO DISSÍDIO 1. **A transcrição na ata da assembleia da pauta de reivindicações dos trabalhadores é requisito exigido pela Orientação Jurisprudencial nº 8 da C. SDC, de modo que seu descumprimento implica a extinção do processo sem resolução do mérito, por ilegitimidade ativa do sindicato profissional Suscitante**. Além disso, o mero registro dos títulos das cláusulas não é suficiente para preencher o mencionado requisito. Julgados da C. SDC. 2. O artigo 859 da CLT determina o quórum de aprovação dos trabalhadores na assembleia para que haja a instauração do Dissídio Coletivo. No caso, as atas das assembleias juntadas aos autos não permitem verificar o número de trabalhadores que efetivamente aprovaram a instauração do Dissídio, já que inexiste qualquer menção sobre quórum de votação do tópico, o que impõe a extinção do processo sem resolução do mérito. Julgados da C.

SDC. Processo extinto sem resolução do mérito em preliminar arguida de ofício. Vistos, relatados e discutidos estes autos de Recurso Ordinário nº TST-RO-100536-74.2017.5.01.0000, em que são Recorrente e Recorrido SINDICATO DOS INSTRUTORES E EMPREGADOS EM AUTOESCOLAS DE APRENDIZAGEM DO ESTADO DO RIO DE JANEIRO-SIEAERJ e SINDICATO DOS ESTABELECIMENTOS DE ENSINO DE CONDUTORES DE VEÍCULOS MOTORIZADOS DO ESTADO DO RIO DE JANEIRO - SINDAERJ. [...]. Dispensada nova remessa à Procuradoria-Geral do Trabalho, nos termos do art. 95, IV, do RI do TST, haja vista haver parecer exarado pela Procuradoria Regional (fls. 476/481)" (TST-RO-100536-74.2017.5.01.0000, Seção Especializada em Dissídios Coletivos, Redatora Ministra Maria Cristina Irigoyen Peduzzi, DEJT 07/01/2021). (Brasil, 2021a, grifo nosso)

A assembleia sindical, em suas deliberações, deve refletir os anseios da categoria, apresentando, de forma clara, as reivindicações que estão em pauta.

Aviso prévio de greve

Uma vez que não se admite a greve surpresa, para que o movimento paredista (o mesmo que movimento grevista) seja lícito, deve ocorrer um aviso prévio ao empregador, mesmo porque a fase de negociação deve anteceder a deflagração da suspensão dos trabalhos.

Explicam Nascimento e Nascimento (2015, p. 507, grifo nosso) que "não é lícita a **greve surpresa**. O empregador tem o direito de saber antecipadamente sobre a futura paralisação da empresa".

Mormente, pelo fato de que "são necessárias providências, antes da cessação do trabalho, diante dos compromissos da empresa e em face das suas naturais condições de atividade e de produção, daí a necessidade do aviso prévio".

Após a deliberação em assembleia, segue-se o aviso ao empregador, com antecedência mínima de 48 horas (art. 3º, par. único, Lei n. 7.783/1989), ampliadas para 72 horas nas atividades essenciais (art. 13, Lei n. 7.783/1989).

Deve ser observado que o aviso prévio da deflagração do movimento paredista não é somente para o empregador, mas também é obrigatório para conhecimento dos usuários (a comunidade em geral) com a mesma antecedência, mormente nos casos que envolvam serviços e atividades essenciais.

— 4.1.2 —
Efeitos, direitos e deveres relacionados à greve

A Lei n. 7.783/1989 estabelece as condições para o exercício do direito de greve, além de mencionar os direitos e deveres recíprocos, dos trabalhadores e dos empregadores, no transcurso do movimento paredista:

> Art. 6º São assegurados aos grevistas, dentre outros direitos:
>
> I – o emprego de meios pacíficos tendentes a persuadir ou aliciar os trabalhadores a aderirem à greve;

II - a arrecadação de fundos e a livre divulgação do movimento.

§ 1º Em nenhuma hipótese, os meios adotados por empregados e empregadores poderão violar ou constranger os direitos e garantias fundamentais de outrem.

§ 2º É vedado às empresas adotar meios para constranger o empregado ao comparecimento ao trabalho, bem como capazes de frustrar a divulgação do movimento.

§ 3º As manifestações e atos de persuasão utilizados pelos grevistas não poderão impedir o acesso ao trabalho nem causar ameaça ou dano à propriedade ou pessoa. (Brasil, 1989)

O movimento de greve está regulado na legislação pátria e é um direito do trabalhador, embora os danos e os atos ilícitos realizados durante a greve impliquem apuração nas esferas trabalhista, civil e penal.

Efeitos da greve sobre o contrato de trabalho

O contrato de trabalho no período de greve continua íntegro, posto que a greve não rescinde o contrato, apenas o suspende. Conforme explicam Nascimento e Nascimento (2015, p. 566), devem "as relações obrigacionais durante o período serem regidas pelo acordo, convenção, laudo arbitral ou decisão da Justiça do Trabalho (art. 7º). Não havendo o acordo, os salários são indevidos".

Portanto, esclarece Brito Filho (2019, p. 310):

> durante a greve, então, ocorre a paralisação dos efeitos dos contratos individuais de trabalho, relativamente aos grevistas, isto é, as obrigações das partes ficam suspensas, não havendo a obrigação do empregado de prestar serviços, nem do empregador de efetuar o pagamento da contraprestação.

Referida interpretação espelha o disposto no art. 7º da Lei n. 7.783/1989: "Observadas as condições previstas nesta Lei, a participação em greve suspende o contrato de trabalho, devendo as relações obrigacionais, durante o período, ser regidas pelo acordo, convenção, laudo arbitral ou decisão da Justiça do Trabalho" (Brasil, 1989).

Nesse sentido, tem sido o entendimento do TST:

> RECURSOS ORDINÁRIOS INTERPOSTOS PELAS EMPRESAS SUSCITADAS. DISSÍDIO COLETIVO DE NATUREZA ECONÔMICA COM DEFLAGRAÇÃO DE GREVE NO DECORRER DA AÇÃO. CONEXÃO, DECLARADA PELO TRIBUNAL REGIONAL DO TRABALHO DA 19ª REGIÃO, DESTE DISSÍDIO COLETIVO COM O DISSÍDIO COLETIVO DE GREVE DCG-152-34.2019.5.19.0000, AJUIZADO PELA EMPRESA TV PONTA VERDE LTDA. ANÁLISE CONJUNTA DOS RECURSOS ORDINÁRIOS. [...] 5. DIAS PARADOS. O entendimento da SDC desta Corte, em observância às disposições do art. 7º da Lei

nº 7.783/1989 e às diretrizes do Supremo Tribunal Federal, é o de que, **independentemente de a greve ser declarada abusiva, ou não, os dias parados correspondem à suspensão do contrato de trabalho e não devem ser remunerados**, salvo na hipótese de o empregador contribuir decisivamente, mediante conduta recriminável, para que a greve ocorra–como no caso de atraso do pagamento de salários –, ou de acordo entre as partes, situações não constatadas no caso em tela. Embora predomine nesta SDC a compreensão de que, em greves de longa duração, seja determinada a compensação de 50% dos dias parados e o desconto dos outros 50%, não há como aplicar tal entendimento, uma vez que, segundo se infere dos autos, a paralisação perdurou por nove dias. Desse modo, dá-se provimento aos recursos para autorizar as empresas suscitadas a descontarem dos salários dos trabalhadores grevistas o valor relativo a 9 (nove) dias, em que não houve a prestação de serviços em razão da greve. [...]. Mantém-se, pois, a decisão regional, a qual está consoante a jurisprudência desta SDC, e nega-se provimento aos recursos ordinários. Recursos ordinários parcialmente providos. (ROT-103-90.2019.5.19.0000, Seção Especializada em Dissídios Coletivos, Relatora Ministra Dora Maria da Costa, DEJT 29/09/2020). (Brasil, 2020a, grifo nosso)

Ainda, assim disciplina o parágrafo único do art. 7º da Lei n. 7.783/1989: "É vedada a rescisão de contrato de trabalho durante a greve, bem como a contratação de trabalhadores substitutos, exceto na ocorrência das hipóteses previstas nos arts. 9º e 14º" (Brasil, 1989).

Entretanto, referida proibição de dispensa dos empregados no período de greve tão somente abrange os empregados que participarem do movimento paredista, conforme posicionamento do TST:

> RECURSO DE REVISTA. 1. DECISÃO DE ADMISSIBILIDADE DO RECURSO DE REVISTA. INSTRUÇÃO NORMATIVA Nº 0 DO TST. RECURSO ADMITIDO PARCIALMENTE. MATÉRIA NÃO IMPUGNADA POR MEIO DE INTERPOSIÇÃO DE AGRAVO DE INSTRUMENTO. PRECLUSÃO. [...] Por conseguinte, não tendo sido interposto agravo de instrumento pelo recorrente em relação ao tema não admitido pela Vice-Presidência do Tribunal Regional (negativa de prestação jurisdicional), o exame do recurso de revista limitar-se-á à questão admitida (dispensa no curso da greve), considerando-se a configuração do instituto da preclusão. 2. DISPENSA DE EMPREGADOS QUE NÃO PARTICIPARAM DA GREVE. VALIDADE. No caso concreto, os empregados dispensados não aderiram ao movimento grevista. Não houve dispensa de empregados grevistas e sequer de dirigentes sindicais. Não há no ordenamento jurídico disposição expressa de que o empregador não possa demitir empregados que trabalharam no período de greve, não aderindo ao movimento paredista. A Lei nº 7.783/1989 assegura garantia de emprego somente aos grevistas durante a greve, que, nos termos do art. 2º do referido diploma, caracteriza-se como a "suspensão coletiva, temporária e pacífica, total ou parcial, de prestação pessoal de serviços ao empregador". Diante da ausência de vedação legal ao

ato de dispensar empregados que não participaram de greve, bem assim de não ocorrência de atitude antissindical ou discriminatória no caso concreto, é certo afirmar que as demissões realizadas são válidas e se encontram dentro do direito potestativo do empregador de resilir os contratos de trabalho. Precedentes. Recurso de revista conhecido e não provido. (TST-RR-1002152-11.2016.5.02.0083, 8ª Turma, Relatora Ministra Dora Maria da Costa, DEJT 11/12/2020). (Brasil, 2020b)

Com relação à proibição de contratação de empregados no período de greve, também ocorrem exceções. Segundo Cassar (2018, p. 1.318), tal proibição deixa de ocorrer

na hipótese de o sindicato profissional não manter em atividade equipes de empregados com o propósito de assegurar os serviços cuja paralisação resultem em prejuízo irreparável, ou deterioração irreversível de bens, máquinas e equipamentos, bem como a manutenção daqueles essenciais à retomada das atividades da empresa quando da cessação do movimento (art. 9º da Lei 7.783/89) ou manter a paralisação após o acordo. Também não poderá contratar trabalhadores temporários substitutos, na forma do § 1º do art. 2º da Lei 6.019/74.

Em suma, conforme o previsto na Lei nº 7.783/1989, em seu art. 7º, o empregado que participar do movimento paredista terá o contrato de trabalho suspenso, e ao empregador são vedadas a contratação de trabalhadores substitutos e a realização de rescisão contratual dos empregados.

— 4.1.3 —
Greve em atividades essenciais

A greve é um direito constitucional (art. 9º), verdadeiro mecanismo de reivindicação dos trabalhadores, com a finalidade de melhoria de suas condições de trabalho. Entretanto,

> esse mesmo direito possui limitações quando se trata do trabalho em serviços essenciais, consoante o disposto no parágrafo 1º, do art. 9º e art. 12, da Constituição Federal de 1988 e no art. 11 da Lei nº 7.783/1989. Assim, algumas atividades decorrentes de sua importância em relação à comunidade, ao Estado, recebem tratamento diferenciado em relação à greve. (Brito Filho, 2019, p. 317)

Sobre a necessidade de manutenção dos serviços essenciais, explicam Nascimento e Nascimento (2015, p. 507) que, durante a greve,

> o sindicato ou a comissão de negociação, mediante acordo com a organização sindical patronal da empresa, manterá em atividade equipes de empregados com o propósito de assegurar os serviços cuja paralisação resultar em prejuízo irreparável, pela deterioração irreversível de bens, máquinas e equipamentos, bem como a manutenção dos serviços essenciais à retomada das atividades da empresa, quando da cessação do movimento (art. 9º, Lei 7.783/89).

Vale ressaltar que, "em não havendo acordo, é assegurado ao empregador, enquanto perdurar a greve, o direito de contratar diretamente os serviços necessários para esse fim (art. 9º, parágrafo único)" (Nascimento; Nascimento, 2015, p. 507).

Serviços essenciais

No caso dos serviços essenciais, a greve não é proibida, porém se submete a algumas regras especiais em razão da importância desses serviços para a sociedade (comunidade, empresa, Estado), visto que a paralisação total dos serviços pode trazer consequências irreparáveis e até desastrosas ao meio em que ocorrerá o movimento paredista. Conforme o disposto no parágrafo único do art. 11 da Lei n. 7.783/1989: "São necessidades inadiáveis, da comunidade aquelas que, não atendidas, coloquem em perigo iminente a sobrevivência, a saúde ou a segurança da população" (Brasil, 1989).

Nos termos do art. 10 da Lei n. 7.783/1989, são considerados serviços essenciais:

a) tratamento e abastecimento de água, produção e distribuição de energia elétrica;

b) assistência médica e hospitalar;

c) distribuição e comercialização de medicamentos e alimentos;

d) funerários;

e) transporte coletivo;

f) captação e tratamento de esgoto e lixo;

g) telecomunicação;

h) guarda, uso e controle de substâncias radioativas, equipamentos e materiais nucleares;

i) processamento de dados ligados a serviços essenciais;

j) controle de tráfego aéreo e navegação aérea;

k) compensação bancária;

l) atividades médico-periciais relacionadas com o regime geral de previdência social e a assistência social;

m) atividades médico-periciais relacionadas com a caracterização do impedimento físico, mental, intelectual ou sensorial da pessoa com deficiência, por meio da integração de equipes multiprofissionais e interdisciplinares, para fins de reconhecimento de direitos previstos em lei, em especial na Lei nº 13.146, de 6 de julho de 2015 (Estatuto da Pessoa com Deficiência);

n) outras prestações médico-periciais da carreira de Perito Médico Federal indispensáveis ao atendimento das necessidades inadiáveis da comunidade;

o) atividades portuárias. (Brasil, 1989)

Vejamos o que dispõe a seguinte Orientação Jurisprudencial sobre o assunto

> 38. GREVE. SERVIÇOS ESSENCIAIS. GARANTIA DAS NECESSIDADES INADIÁVEIS DA POPULAÇÃO USUÁRIA. FATOR DETERMINANTE DA QUALIFICAÇÃO JURÍDICA DO MOVIMENTO. (inserida em 07.12.1998)

É abusiva a greve que se realiza em setores que a lei define como sendo essenciais à comunidade, se não é assegurado o atendimento básico das necessidades inadiáveis dos usuários do serviço, na forma prevista na Lei nº 7.783/1989. (Brasil, 1998h)

A obrigatoriedade de garantir o fornecimento dos serviços essenciais à comunidade é direcionada não somente aos empregadores, mas também aos sindicatos e trabalhadores, conforme se depreende do disposto no art. 11 da Lei n. 7.783/1989: "Nos serviços ou atividades essenciais, os sindicatos, os empregadores e os trabalhadores ficam obrigados, de comum acordo, a garantir, durante a greve, a prestação dos serviços indispensáveis ao atendimento das necessidades inadiáveis da comunidade" (Brasil, 1989).

Alertamos, ainda, para o fato de que, caso nenhum dos atores (trabalhadores, empregadores e sindicatos) preste os serviços essenciais, cabe ao Poder Público assegurar a prestação dos referidos serviços, de acordo com os termos do art. 12 da Lei n. 7.783/1989.

— 4.1.4 —
Responsabilidade e abuso

Embora a greve seja um direito, o abuso dele sujeita os responsáveis às penas da lei (art. 15, Lei nº 7.783/1989). O conceito de abuso identifica-se, por força da lei (art. 14, Lei nº 7.783/89), com o de ilegalidade.

Com relação ao movimento paredista, explicam Nascimento e Nascimento (2011, p. 508),

> abuso é o descumprimento de exigência da lei, bem como a manutenção da greve após acordo ou decisão judicial (art. 14), salvo se a finalidade da paralisação é exigir o cumprimento de norma legal convencional ou quando a superveniência de fato novo venha modificar substancialmente a relação de trabalho (art. 14, parágrafo único).

A responsabilidade pelos atos abusivos é apurada segundo a lei trabalhista, civil e penal (art. 15, Lei n. 7.783/1989), podendo "o Ministério Público requisitar a abertura de inquérito e processar criminalmente aqueles que praticam ilícitos penais. O empregador pode, no caso de abuso, despedir por justa causa (art. 7º e art. 14, Lei nº 7.783/89). O sindicato é passível de responder por perdas e danos" (Nascimento; Nascimento, 2015).

Sobre o assunto, vejamos o que dispõe a Orientação Jurisprudencial n. 10 do TST a seguir:

> 10. GREVE ABUSIVA NÃO GERA EFEITOS. (inserida em 27.03.1998)
>
> É incompatível com a declaração de abusividade de movimento grevista o estabelecimento de quaisquer vantagens ou garantias a seus partícipes, que assumiram os riscos inerentes à utilização do instrumento de pressão máximo. (Brasil, 1998c)

— 4.2 —
Dissídio coletivo

Nesta seção, analisaremos o processo de solução do conflito, ou seja, o dissídio coletivo, as respectivas normas, a forma de instauração, a instância, as espécies de sentenças normativas, bem como a ação de cumprimento e o procedimento especial envolvendo o fenômeno. Também abordaremos os aspectos da responsabilidade dos abusos decorrentes do movimento paredista, suas ilicitudes e as decisões que decorrem dos dissídios coletivos.

Sobre o dissídio, dispõe a seguinte Orientação Jurisprudencial do TST:

> 5. DISSÍDIO COLETIVO. PESSOA JURÍDICA DE DIREITO PÚBLICO. POSSIBILIDADE JURÍDICA. CLÁUSULA DE NATUREZA SOCIAL [...]
>
> Em face de pessoa jurídica de direito público que mantenha empregados, cabe dissídio coletivo exclusivamente para apreciação de cláusulas de natureza social. Inteligência da Convenção nº 151 da Organização Internacional do Trabalho, ratificada pelo Decreto Legislativo nº 206/2010. (Brasil, 2012a)

Dissídios coletivos "são ações propostas à Justiça do Trabalho por pessoas jurídicas (Sindicatos, Federações ou Confederações de trabalhadores ou de empregadores) para solucionar questões que não puderam ser solucionadas pela negociação direta entre trabalhadores e empregadores" (Barros, 2017, p. 827).

Mútuo acordo

No caso de dissídio coletivo de natureza econômica, o parágrafo 2º do art. 114, em sua nova redação, determina que, para a propositura do dissídio coletivo, deve ocorrer o mútuo acordo. Nesse sentido, vejamos o posicionamento do TST sobre o tema, conforme jurisprudência a seguir transcrita:

> RECURSO ORDINÁRIO. PROCESSO SOB A ÉGIDE DA LEI 13.467/2017. DISSÍDIO COLETIVO DE NATUREZA ECONÔMICA. NOVA REDAÇÃO DO § 2º DO ARTIGO 114 DA CONSTITUIÇÃO ATUAL APÓS A PROMULGAÇÃO DA EMENDA CONSTITUCIONAL Nº 45/2004. COMUM ACORDO. A Seção Especializada em Dissídios Coletivos deste Tribunal Superior do Trabalho firmou jurisprudência no sentido de que a nova redação do § 2º do artigo 114 da Constituição Federal estabeleceu o pressuposto processual intransponível do mútuo consenso das partes para o ajuizamento do dissídio coletivo de natureza econômica. A EC nº 45/2004, incorporando críticas a esse processo especial coletivo, por traduzir excessiva intervenção estatal em matéria própria à criação de normas, o que seria inadequado ao efetivo Estado Democrático de Direito instituído pela Constituição (de modo a preservar com os sindicatos, pela via da negociação coletiva, a geração de novos institutos e regras trabalhistas, e não com o Judiciário), fixou o pressuposto processual restritivo do § 2º do art. 114, em sua nova redação. Nesse novo quadro jurídico,

apenas havendo "mútuo acordo" ou em casos de greve, é que o dissídio de natureza econômica pode ser tramitado na Justiça do Trabalho. No caso concreto, o Sindicato Suscitado arguiu, em contestação, a referida preliminar, razão pela qual o processo deve ser extinto, sem resolução de mérito–conforme decidiu o Tribunal de origem. Recurso ordinário desprovido. (ROT-810-15.2019.5.17.0000, Seção Especializada em Dissídios Coletivos, Relator Ministro Mauricio Godinho Delgado, DEJT 07/01/2021). (Brasil, 2021b)

Novidade trazida com a Emenda Constitucional n. 45/2004 e inserida no parágrafo 2º do art. 114 da Constituição Federal (Brasil, 1988), o mútuo acordo faz parte das condições da ação, e sua ausência conduz à carência da ação, nos termos do art. 485, inciso VI, do Código de Processo Civil (CPC) (Brasil, 2015a).

Previsão legal

O instituto está previsto no art. 7º, inciso XXVI, da Constituição Federal, que trata do "reconhecimento das convenções e acordos coletivos de trabalho pelos trabalhadores urbanos e rurais" (Brasil, 1988).

Informa Santos (2019, p. 99) que "dissídio coletivo é medida processual ajuizada no Judiciário Trabalhista para se obter do Estado uma sentença sobre o conflito coletivo apresentado (art. 114, § 2º, CF/1988). É ajuizado pelos sindicatos ou empresas interessadas, nos termos do art. 616, § 2º, da CLT".

Instância e fases do dissídio

Os dissídios são ajuizados no Tribunal Regional do Trabalho (TRT) ou no Tribunal Superior do Trabalho (TST) nos termos do art. 677 da CLT, sendo da competência do Juiz Vice-Presidente despachar, instruir e conciliar processos, designar e presidir as audiências, extinguir processos sem julgamento do mérito ou delegar a outro juiz vitalício tais atos.

O art. 677 da CLT dispõe sobre o assunto: "A competência dos Tribunais Regionais determina-se pela forma indicada no art. 651 e seus parágrafos e, nos casos de dissídio coletivo, pelo local onde este ocorrer" (Brasil, 1943). Explica Barros (2017, p. 827) que a competência

> para julgar os dissídios individuais plúrimos é originariamente das Varas do Trabalho (art. 652, da CLT), nos dissídios coletivos a competência é dos Tribunais Regionais (Pleno) ou da Seção Especializada nesse assunto, conforme disposição regimental, quando a base territorial do sindicato restringe-se a um Estado (art. 678, I, "a", da CLT) e do TST, quando a base territorial abranger mais de um Estado da Federação (art. 896, "b", da CLT).

Vejamos, então, as fases do dissídio:

- **Primeira etapa**: Suscitado o dissídio, há a designação de audiência de conciliação e instrução, na qual se tenta levar as partes à celebração de um acordo que ponha fim ao dissídio. Para tanto, pode o juiz formular uma ou mais propostas visando à conciliação e, no caso de acordo, este será homologado pela seção especializada em dissídios coletivos.

- **Segunda etapa**: Na ausência de acordo, "o Juiz passará à fase de instrução, na qual interrogará as partes a fim de colher mais informações para o julgamento da matéria" (Barros, 2017, p. 833).
- **Terceira etapa**: Diante da decisão do Tribunal Regional, as partes ou os procuradores são intimidados, "cabendo recurso ordinário em oito dias para o Tribunal Superior do Trabalho, não tendo, em regra, efeito suspensivo, pois a sentença tem eficácia imediata e, caso seja dado provimento ao apelo, não haverá restituição dos salários que já tenham sido pagos de acordo com as normas da sentença" (Barros, 2017, p. 833).

Figura 4.1 – Fluxograma do dissídio coletivo

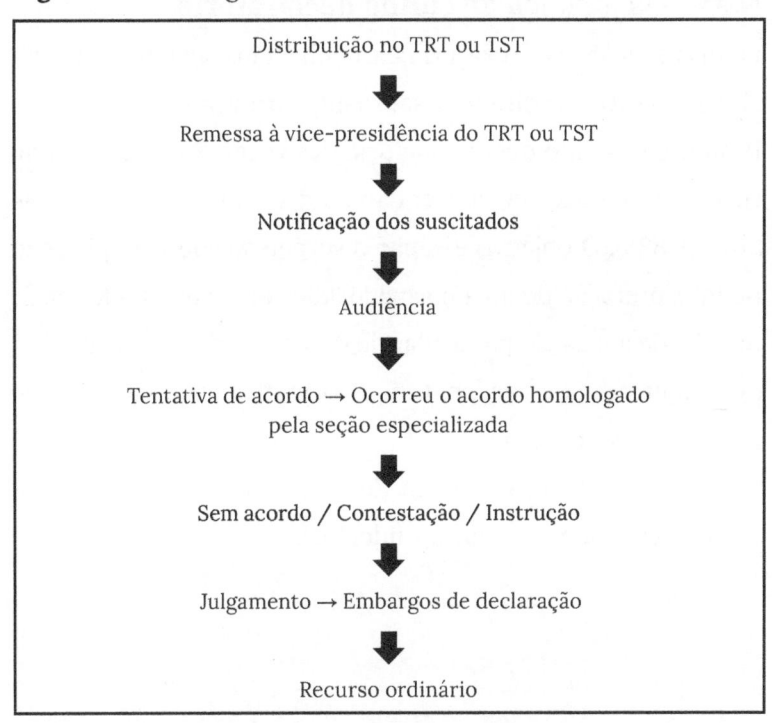

```
Distribuição no TRT ou TST
          ↓
Remessa à vice-presidência do TRT ou TST
          ↓
Notificação dos suscitados
          ↓
Audiência
          ↓
Tentativa de acordo → Ocorreu o acordo homologado
           pela seção especializada
          ↓
Sem acordo / Contestação / Instrução
          ↓
Julgamento → Embargos de declaração
          ↓
Recurso ordinário
```

Conforme se observa pelo fluxograma, os dissídios coletivos tramitam pelo rito ordinário.

— 4.2.1 —
Natureza jurídica do dissídio coletivo

No dissídio coletivo, "em sendo uma ação judicial, onde as partes buscam a solução de um conflito coletivo, esta pode ser de natureza: a) jurídica ou de cunho declaratório; b) econômica, ou de interesses constitutivos" (Barros, 2017, p. 827). Vamos examinar um pouco sobre essas naturezas na sequência.

Natureza jurídica de cunho declaratório

Os dissídios "de natureza jurídica, conhecidos também como dissídios coletivos de direito, visam a interpretação de uma norma legal preexistente que, na maioria das vezes, é costumeira ou resultante de acordo, convenção ou dissídio coletivo" (Barros, 2017, p. 828). O objetivo é sanar divergência sobre a aplicação ou interpretação de uma norma jurídica existente. Pode ser de uma lei de aplicação particular de determinada categoria, CCT, ACT, contrato coletivo, sentença normativa, laudo arbitral ou ato normativo qualquer.

Sobre a natureza jurídica de cunho declaratório, dispõe a seguinte Orientação Jurisprudencial:

07. DISSÍDIO COLETIVO. NATUREZA JURÍDICA. INTERPRETAÇÃO DE NORMA DE CARÁTER GENÉRICO. INVIABILIDADE. (inserida em 27.03.1998)

Não se presta o dissídio coletivo de natureza jurídica à interpretação de normas de caráter genérico, a teor do disposto no art. 313, II, do RITST. (Brasil, 1998a)

Natureza econômica, ou de interesses, ou de caráter constitutivo

Os dissídios coletivos de natureza econômica "criam normas que regulamentam os contratos individuais de trabalho como, por exemplo, cláusulas que concedem reajustes salariais ou que garantem estabilidades provisórias no emprego. Ocorre reivindicação de novas e melhores condições de trabalho" (Barros, 2017, p. 828).

Com relação ao dissídio coletivo de natureza econômica, ou de interesse, explica Santos (2019, p. 100): "tem a finalidade de acionar a Justiça do Trabalho para a criação de normas consubstanciadas em novas condições de trabalho e salários através da sentença normativa. Esse se desdobra em dissídio coletivo de natureza econômica ou de interesse: a) originário; b) de revisão; c) de extensão".

Assim, diante da classificação intrínseca dos dissídios coletivos, ou seja, "de acordo com a sua finalidade em: originário, revisional e de extensão" (Santos, 2018, p. 216), passamos a explicar sua motivação.

Quanto à classificação, Santos (2018, p. 216, grifo nosso) esclarece:

> **a) originário:** quando inexistir norma coletiva anterior (CLT. 867, parágrafo único);
>
> **b) revisional:** pretende a revisão de norma coletiva anterior (CLT. Artigos. 873 a 875).
>
> O artigo 873 da CLT prevê a possibilidade jurídica de proceder à revisão da sentença normativa, desde que esta tenha vigência superior a um ano. Este artigo foi praticamente revogado com o advento da Lei 6.708/79, que criou as datas-bases, sendo que não só as entidades sindicais, desde a estabilização econômica, vêm estipulando a vigência das cláusulas econômicas em um ano e as de caráter social em dois, como os próprios tribunais trabalhistas vêm observando vigência de um ano nas sentenças por eles prolatadas. De qualquer forma, ocorrendo modificação nas condições fáticas, poderá o interessado pleitear a revisão de uma ou mais cláusulas da sentença normativa.
>
> **c) extensão:** visa extensão das normas ao restante da categoria (CLT, art. 868 a 871).

No que diz respeito ao dissídio coletivo de natureza econômica ou de interesse de extensão, Santos (2019, p. 100) aponta que se trata do

> dissídio coletivo que tenha por motivo novas condições de trabalho e no qual figure como parte apenas uma fração de empregados de uma empresa [podendo] o Tribunal competente, na própria decisão, estender tais condições de trabalho, se julgar justo e conveniente, aos demais empregados da empresa que forem da mesma profissão dos dissidentes.

Consulte um modelo de dissídio coletivo de greve no Anexo C ao final deste livro.

— 4.2.2 —
Decisão judicial sobre a greve

A decisão judicial deve solucionar: (a) a questão da greve; (b) as reivindicações dos trabalhadores; além de (c) fazer a análise preliminar sobre a ocorrência da greve e a verificação da abusividade ou não desta (Barros, 2017).

Ensinam Jorge Neto e Cavalcante (2015, p. 1.416) também que a "decisão do tribunal deverá solucionar a questão da greve e das reivindicações dos trabalhadores. Trata-se de uma sentença única, devendo, de forma preliminar, haver a análise sobre a greve, pronunciando-se sobre a sua ocorrência e a verificação da abusividade ou não".

Constata-se a existência ou não do abuso do direito de greve quando se tem a inobservância das normas contidas na Lei n. 7.783/1989, bem como a manutenção da paralisação após a celebração do acordo, da convenção ou da decisão da Justiça (Lei n. 7.783/1989, art. 14).

Quanto ao sentido de conceito abusivo de greve, explica Carrion (2001, p. 532-533) que este "se aplica sempre que os objetivos, os meios empregados ou os resultados extravasem o mínimo de tolerância da sociedade e aí se construa o alcance da 'responsabilidade das penas da lei' (CF. art. 9º, § 2º), cujos efeitos poderão ser penais, civis ou trabalhistas (Lei 7.783/89, art. 15)".

Classifica-se ainda o abuso, segundo Carrion (2001, p. 532-533, grifo nosso), em "relação à greve, como sendo: formal ou material. O abuso é **formal**: quando não se observam as formalidades previstas na lei de greve e **material**: se a greve se realiza em atividades proibidas".

O julgamento da greve obedece aos termos do art. 8º da Lei n. 7.783/1989: "A Justiça do Trabalho, por iniciativa de qualquer das partes ou do Ministério Público do Trabalho, decidirá sobre a procedência, total ou parcial, ou improcedência das reivindicações, cumprindo ao Tribunal publicar, de imediato, o competente acórdão" (Brasil, 1989).

Observamos, então, que a greve é um direito que, para ser exercido de forma regular, está condicionado ao cumprimento de diversas regras fixadas na norma legal (Lei n. 7.783/1989), podendo "gerar dois tipos de consequências: a) para o movimento em si, com o reconhecimento de sua abusividade; e b) para os participantes, atingindo inclusive a entidade que o dirige" (Jorge Neto; Cavalcante, 2015, p. 1.418).

Como dispõe a Lei n. 7.783/1989:

> Art. 15. A responsabilidade pelos atos praticados, ilícitos ou crimes cometidos, no curso da greve, será apurada, conforme o caso, segundo a legislação trabalhista, civil ou penal.
>
> Parágrafo único. Deverá o Ministério Público, de ofício, requisitar a abertura do competente inquérito e oferecer denúncia quando houver indício da prática de delito. (Brasil, 1989)

Brito Filho (2019, p. 323), de acordo com o que aventa a Constituição e a Lei n. 7.783/1989, afirma que "a greve não é direito que possa ser exercido em detrimento dos demais, não é superdireito, que não gere, nos excessos, a responsabilidade de quem os praticou".

— 4.2.3 —
Poder normativo

O poder normativo do Poder Judiciário Trabalhista é tema relacionado especificamente ao direito brasileiro e teve como "paradigma a *Carta del Lavoro* do regime fascista italiano de Benito Mussolini, a qual atribui ao magistrado trabalhista italiano o poder de dirimir conflitos coletivos de trabalho pela fixação de novas condições laborais" (Jorge Neto; Cavalcante, 2015, p. 1.386).

Explica Carrion (2001, p. 672) que "o poder normativo da justiça do trabalho é o exercício dessa competência de proferir sentenças em dissídios coletivos", e complementa dizendo que "o poder normativo judicial nos dissídios coletivos de natureza econômica é uma antiguidade do fascismo, já abolida nos países democráticos, inclusive na Itália".

A Constituição de 1988 prevê, em seu art. 114, parágrafo 2º, a "arbitragem obrigatória (heterocomposição) para solução de conflitos coletivos de trabalho que sejam submetidos ao Judiciário Laboral", ou seja, "utilizando-se desse poder, este órgão do Judiciário federal, ao sentenciar, **cria** normas que regularão, por determinado lapso temporal, as condições de trabalho dos empregados e empregadores representados no feito", razão pela qual tem-se nesse "poder normativo, como o próprio nome diz, uma atuação atípica legislativa por um dos órgãos do Judiciário" (Hinz, 2012, p. 181, grifo nosso).

Hinz (2012, p. 181) conceitua o poder normativo como "o poder constitucionalmente conferido aos tribunais trabalhistas para, executando uma atividade jurisdicional, dirimirem os conflitos laborais mediante o estabelecimento de novas condições de trabalho, respeitadas as garantias mínimas já previstas em lei".

Entretanto, em que pese a previsão na Constituição Federal (art. 114, § 2º) do poder normativo da Justiça do Trabalho (possibilidade de, em suas decisões, estabelecer normas e condições), observamos, conforme o disposto na Súmula n. 190 do TST, que há uma limitação desse poder, *in verbis*:

Súmula n. 190 do TST. PODER NORMATIVO DO TST. CONDIÇÕES DE TRABALHO. INCONSTITUCIONALIDADE. DECISÕES CONTRÁRIAS AO STF (mantida) – Res. 121/2003, DJ 19, 20 e 21.11.2003. Ao julgar ou homologar ação coletiva ou acordo nela havido, o Tribunal Superior do Trabalho exerce o poder normativo constitucional, não podendo criar ou homologar condições de trabalho que o Supremo Tribunal Federal julgue iterativamente inconstitucionais. (Brasil, 2003e)

Alerta Cassar (2018, p. 1.311) que "há quem argumente que o poder normativo foi extinto nos dissídios de natureza econômica bilaterais, mas que continua vigente nos casos de greve de serviços essenciais, quando uma das partes poderá, independentemente da vontade da outra, interpor ação coletiva".

Sentença normativa

A sentença normativa – uma vez prolatada nos autos do processo de dissídio coletivo econômico ou de interesses –, surte os mesmos efeitos que os acordos e as convenções coletivas de trabalho.

Para Hinz (2012, p. 182), em termos conceituais, "só pode ser chamada de sentença normativa a decisão prolatada em dissídios coletivos econômicos, pela Seção Especializada do Tribunal Regional do Trabalho ou pela Seção de Dissídios Coletivos do Tribunal Superior do Trabalho". Assim, percebe-se que a "natureza jurídica da sentença normativa prolatada em dissídio coletivo de natureza econômica é complexa, dado que, a despeito de ser jurisdicional na forma, é legislativa no conteúdo" (Hinz, 2012, p. 182).

A sentença normativa deverá ser publicada em 15 dias a contar da decisão, conforme o teor do art. 12, parágrafo 2º, da Lei n. 10.192, de 14 de fevereiro de 2001, e sua vigência vem estipulada no art. 867, parágrafo único, da CLT (Brasil, 2001). "Nesta disposição legal o ponto de referência é a data-base da categoria" (Santos, 2018, p. 232).

Instaurado o dissídio coletivo dentro de 60 dias que antecedem a data-base da categoria, a sentença normativa terá seu início de vigência no primeiro dia subsequente ao término de vigência do acordo ou da convenção coletiva de trabalho, ou mesmo da sentença normativa em vigor. Se esse prazo não for obedecido, quer dizer, se o dissídio for instaurado **após** o término de vigência da norma coletiva até então em vigor, o início de vigência ocorrerá com sua publicação.

A sentença normativa pode ter o prazo máximo de vigência de quatro anos, de acordo com parágrafo único do art. 868 da CLT:

> Art. 868. Em caso de dissídio coletivo que tenha por motivo **novas condições de trabalho e no qual figure como parte apenas** uma fração de empregados de uma empresa, poderá o Tribunal competente, na própria decisão, estender tais condições de

trabalho, se julgar justo e conveniente, aos demais empregados da empresa que forem da mesma profissão dos dissidentes.

Parágrafo único. O Tribunal fixará a data em que a decisão deve entrar em execução, bem como o prazo de sua vigência, o qual não poderá ser superior a 4 (quatro) anos. (Brasil, 1943)

Consulte um modelo de sentença normativa no Anexo D ao final deste livro.

— 4.3 —
Demais atos coletivos

Existem outras espécies de atos coletivos, a exemplo da greve no serviço público, e algumas que, normalmente exercidas, são atividades ilícitas, tais como piquetes, sabotagem, boicote, ocupação de estabelecimento, *lockout*. Vamos tratar desses temas a seguir.

Greve no serviço público

A greve no serviço público, "em largo momento de nossa história, sempre foi considerada ato ilícito, mesmo porque, na visão do legislador, o bem a se proteger é o interesse público e tal ato ensejaria a paralisação de serviços essenciais" (Gomes; Gottschalk, 1991, p. 712).

O direito de greve é assegurado pela Constituição Federal de 1988, art. 9º, regulamentado pela Lei n. 7.783/1989, aos trabalhadores regidos pela CLT. Todavia, a norma constitucional conferiu tratamento diverso aos servidores públicos relativamente ao exercício do direito de greve.

O art. 37, inciso VII, da Constituição Federal condicionou o exercício do direito de greve do servidor público estatutário à edição de lei específica, que ainda não foi promulgada.

O Plenário do Supremo Tribunal Federal (STF), em 25 de outubro de 2007, por unanimidade (MI n. 670, 708 e 712), declarou "a omissão legislativa quanto ao dever constitucional de editar lei que regulamente o exercício do direito de greve no setor público e, por maioria, [decidiu] aplicar ao setor, no que couber, a lei de greve vigente ao setor privado", qual seja, a Lei n. 7.783/1989 (STF, 2007).

Logo, em virtude dessa decisão, o STF passou a entender que o art. 37, inciso VII, da Constituição Federal encerra uma norma de eficácia contida, podendo o servidor público exercer o direito de greve, aplicando-se, no que couber, a Lei n. 7.783/1989. No entanto, conforme alerta Delgado (2020, p. 1.749), os servidores militares não foram contemplados com a possibilidade do direito de greve, sequer têm "o direito de sindicalização (art. 37, VI e VII, e art. 42, § 5º, CF/88; desde EC n. 18/1998, art. 42, § 1º, e art. 142, § 3º, IV, CF/88)".

Piquetes, sabotagem, boicote, ocupação de estabelecimento

Há "diversas formas de paralisação, também denominadas de greves atípicas, consideradas ilícitas porque acompanhadas de fraude ou violência" (Gomes; Gottschalk, 1991, p. 712), cuja ilegalidade pode resultar nas responsabilidades civil e criminal dos agentes e, no caso do trabalhador, na ruptura do contrato de trabalho por justa causa.Podemos citar como formas atípicas de paralisação: piquetes, sabotagem, boicote, ocupação de estabelecimento.

Piquete é um termo que "deriva do vocábulo *picketing* de origem anglo-saxônia, países que primeiro empregaram o método auxiliar do movimento grevista. Consiste na organização de grupos de grevistas", que vigiam e impedem o acesso dos não grevistas ao estabelecimento de trabalho (Gomes; Gottschalk, 1991, p. 713).

Sabotagem é palavra que tem origem no movimento contra as máquinas, "quando então as mulheres francesas lançavam, para destruí-las, os seus *sabots* ou *tamancos*". O termo "por extensão, [...] passou a compreender todas as ações capazes de produzir danos às instalações industriais, edifícios, instrumentos úteis à produção" (Gomes; Gottschalk, 1991, p. 712).

Boicote, segundo Gomes e Gottschalk (1991, p. 712), é prática antiga e "consiste no isolamento de uma pessoa ou de uma empresa de quaisquer relações sociais, de comércio, de produção, com terceiros". Atualmente, essa prática vem sendo encontrada no ambiente de trabalho como mecanismo de *acosso*, gerando danos psíquicos aos lesionados (Simm, 2008).

Ocupação da empresa ou estabelecimento, de acordo com Gomes e Gottschalk (1991, p. 713), é o modo de agir que teve início na França, em 1936, e que posteriormente se difundiu "por todos os países de origem latina da Europa e alguns da América". A Lei de Greve (Lei n. 7.783/1989) não dispõe de forma expressa, como ocorria no art. 8º da Lei n. 4.330/1964, sobre os atos ilícitos, incluída nestes a ocupação da empresa.

A Lei n. 7.783/1989 prevê que, no exercício do movimento paredista, devem ser utilizados meios pacíficos que não venham a constranger e impedir o exercício de direitos fundamentais (art. 2º e art. 6º), estando inseridos nestes os princípios gerais da atividade econômica, constantes no art. 170 da Constituição de 1988.

Ademais, a ocupação não autorizada é considerada crime, conforme o disposto no Código Penal:

> Art. 202. Invadir ou ocupar estabelecimento industrial, comercial ou agrícola, com o intuito de impedir ou embaraçar o curso normal do trabalho, ou com o mesmo fim danificar o estabelecimento ou as coisas nele existentes ou delas dispor: Pena – reclusão, de um a três anos, e multa. (Brasil, 1940)

Lockout (locaute)

Trata-se de "paralisação provisória das atividades da empresa, estabelecimento ou seu setor, realizada por determinação empresarial, com o objetivo de exercer pressões sobre os trabalhadores, frustrando negociação coletiva ou dificultando o atendimento das reivindicações coletivas obreiras" (Brito Filho, 2019, p. 277).

Gomes e Gottschalk (1991, p. 701) entendem que:

> Nosso idioma ainda não encontrou o vocábulo apropriado para exprimir este fenômeno, daí o designar com a expressão inglesa lock-out, que significa a suspensão temporária, total ou parcial, da atividade da empresa, deliberada por um ou vários empregadores para secundar a defesa de seus interesses, em face dos trabalhadores (Tissembaum).

Na descrição de Gomes e Gottschalk (1991, p. 701), vale observar que o ato pode ser deliberado por "um ou vários empregadores", não podendo ser tratado como ato exclusivo de um único empregador.

Segundo Brito Filho (2019, p. 277), a "tipicidade do locaute envolve quatro elementos combinados: a) paralisação empresarial; b) ato de vontade do empregador; c) tempo de paralisação; e d) objetivos por ela visados". Efetivamente, de acordo com o autor, "trata-se de uma paralisação das atividades empresariais, e esta pode ocorrer, seja no âmbito de toda a empresa, seja no plano mais restrito de um de seus estabelecimentos ou, até mesmo, de uma simples subdivisão intraempresarial" (Brito Filho, 2019, p. 277).

A paralisação envolvida há de resultar de decisão do próprio empresário, sob pena de escapar à tipicidade do locaute. O locaute tende a ser genericamente proibido, mesmo em se tratando de ordens jurídicas democráticas. Conforme explica Delgado (2015, p. 1.504), "este instrumento de autotutela empresarial é considerado uma maximização de poder, um instrumento desmesurado, desproporcional a uma razoável defesa dos interesses empresariais. Assim, o locaute é considerado um instrumento de autotutela de interesses empresariais injusto".

A Lei de Greve brasileira proíbe, expressamente, o locaute: "Art. 17. Fica vedada a paralisação das atividades, por iniciativa do empregador, com o objetivo de frustrar negociação ou dificultar o atendimento de reivindicações dos respectivos empregados (*lockout*)" (Brasil, 1989). Isso porque, em primeiro lugar, o respectivo período de afastamento do trabalhador será considerado mera interrupção contratual, razão pela qual todas as parcelas contratuais laborativas serão devidas (art. 17, parágrafo único, Lei n. 7.783/1989). Em segundo lugar, o locaute constitui falta empresarial (art. 17, Lei n. 7.783/1989), por descumprimento do contrato e da ordem jurídica (art. 483, "d", CLT).

Considerações finais

Nesta obra, analisamos os fundamentos do direito coletivo do trabalho, indicando um conjunto de regras básicas de organização e funcionamento da ciência sindical, porém sem qualquer pretensão de exaurimento. Os apontamentos, conforme você pôde observar, foram divididos de forma estruturada em capítulos, seções e subseções.

Por meio de uma análise histórica, apresentamos as características, as fontes, a estrutura, as relações e os princípios do direito coletivo do trabalho e da liberdade sindical. Perpassamos pela influência do direito internacional em razão dos ordenamentos produzidos pela Organização Internacional do Trabalho

(OIT), que foram internalizados no sistema normativo pátrio. Ainda abordamos as fontes e as principais normas pertinentes ao tema.

Em seguida, estudamos o sistema da organização sindical pátria, tarefa para cuja realização descrevemos os aspectos da unicidade sindical, a base territorial mínima, a representação por categoria, culminando com a análise mais aprofundada da instituição *sindicato*, que é a entidade base do sistema do direito coletivo.

Continuamente, tratamos dos aspectos direcionados às atividades das entidades sindicais, seus deveres, suas formas de representação, bem como a negociação e a solução de conflitos coletivos. Também adentramos a questão de representações sindical e não sindical, mormente ante os termos dos arts. 510-A a 510-D inseridos na Consolidação das Leis do Trabalho pela Reforma Trabalhista (Lei n. 13.467/2017).

Por fim, evidenciamos os mecanismos do exercício do direito de greve, os requisitos legais, os efeitos e os casos de responsabilidade em razão dos abusos cometidos por ocasião do movimento paredista. Além disso, verificamos a questão do dissídio coletivo: a natureza jurídica do instituto, sua classificação e seu funcionamento.

Em resumo, foi possível observar, de forma clara, que o direito coletivo tem como pressuposto basilar a paz social, visando sempre ao equilíbrio entre o trabalho e o capital, com o intuito de prevenir e evitar os conflitos sociais e econômicos. Referidos pressupostos são fomentados pelo regular exercício do direito de liberdade sindical, que, a fundo, reflete o conceito democrático de liberdade de associação e de manifestação.

Lista de siglas

ACT	Acordo coletivo de trabalho
ADC	Ação declaratória de constitucionalidade
ADCT	Ato das Disposições Constitucionais Transitórias
ADI	Ação declaratória de inconstitucionalidade
CCT	Convenção coletiva de trabalho
CIPA	Comissão Interna de Prevenção de Acidentes
CLT	Consolidação das Leis do Trabalho
CONTTMAF	Confederação Nacional dos Trabalhadores em Transporte Aquaviário e Aéreo, na Pesca e nos Portos
CF	Constituição Federal

CRFB	Constituição da República Federativa do Brasil
FIEB	Federação das Indústrias do Estado da Bahia
MTE	Ministério do Trabalho e Emprego
OJ	Orientação Jurisprudencial
OIT	Organização Internacional do Trabalho
ONU	Organização das Nações Unidas
SBDI I	Subseção I Especializada em Dissídios Individuais
SDC	Seção de Dissídios Coletivos
STF	Supremo Tribunal Federal
TST	Tribunal Superior do Trabalho

Referências

ALMEIDA, R. S. A proteção ao meio ambiente do trabalho e a responsabilidade social da empresa. **Anima: Revista Eletrônica do Curso de Direito da Opet**, v. iv, p. 168-186-186, 2010.

ALMEIDA, R. S. O trabalho e a globalização. In: VILLATORE, M. A. C.; HASSON, R. (Coord.); ALMEIDA, R. S. (Org.). **Estado e atividade econômica**: o direito laboral em perspectiva – estudos em homenagem ao prof. Dr. Julio Assumpção Malhadas. Curitiba: Juruá, 2010. v. 2. p. 527-545.

BARROS, A. M. de. **Curso de direito do trabalho.** Atualizado por Jessé Claudio Franco de Alencar. 11. ed. São Paulo: LTr, 2017.

BRASIL. Constituição (1891). **Diário Oficial [da] República dos Estados Unidos do Brasil**, Rio de Janeiro, 24 fev. 1891. Disponível em: <http://www.planalto.gov.br/ccivil_03/constituicao/constituicao91.htm>. Acesso em: 10 maio 2021.

BRASIL. Constituição (1934). **Diário Oficial [da] República dos Estados Unidos do Brasil**, Rio de Janeiro, 16 jul. 1934a. Disponível em: <https://www.planalto.gov.br/ccivil_03/constituicao/constituicao34.htm>. Acesso em: 10 maio 2021.

BRASIL. Constituição (1937). **Diário Oficial [da] República dos Estados Unidos do Brasil**, Rio de Janeiro, 19 nov. 1937. Disponível em: <https://www.planalto.gov.br/ccivil_03/constituicao/constituicao37.htm>. Acesso em: 10 maio 2021.

BRASIL. Constituição (1946). **Diário Oficial [da] República dos Estados Unidos do Brasil**, Rio de Janeiro, 18 set. 1946. Disponível em: <http://www.planalto.gov.br/ccivil_03/constituicao/constituicao46.htm>. Acesso em: 10 maio 2021.

BRASIL. Constituição (1967). **Diário Oficial [da] República dos Estados Unidos do Brasil**, Rio de Janeiro, 24 jan. 1967. Disponível em: <http://www.planalto.gov.br/ccivil_03/constituicao/constituicao67.htm>. Acesso em: 10 maio 2021.

BRASIL. Constituição (1988). **Diário Oficial da União**, Brasília, DF, 5 out. 1988. Disponível em: <http://www.planalto.gov.br/ccivil_03/constituicao/constituicaocompilado.htm>. Acesso em: 10 maio 2021.

BRASIL. Constituição (1988). Emenda Constitucional n. 1, de 17 de outubro de 1969. Edita o novo texto da Constituição Federal de 24 de janeiro de 1967. **Diário Oficial da União**, Poder Legislativo, Brasília, DF, 20 out. 1969. Disponível em: <http://www.planalto.gov.br/ccivil_03/constituicao/emendas/emc_anterior1988/emc01-69.htm>. Acesso em: 10 maio 2021.

BRASIL. Decreto n. 979, de 6 de janeiro de 1903. **Diário Oficial [da] República dos Estados Unidos do Brasil**, Rio de Janeiro, 6 jan. 1903. Disponível em: <http://www.planalto.gov.br/ccivil_03/decreto/antigos/d0979.htm>. Acesso em: 10 maio 2021.

BRASIL. Decreto n. 1.254, de 29 de setembro de 1994. **Diário Oficial da União**, Brasília, DF, 1994. Disponível em: <http://www.planalto.gov.br/ccivil_03/decreto/1990-1994/D1254.htm>. Acesso em: 10 maio 2021.

BRASIL. Decreto n. 1.637, de 5 de janeiro de 1907. **Diário Oficial [da] República dos Estados Unidos do Brasil**, Rio de Janeiro, 5 jan. 1907. Disponível em: <https://www2.camara.leg.br/legin/fed/decret/1900-1909/decreto-1637-5-janeiro-1907-582195-norma-pl.html>. Acesso em: 10 maio 2021.

BRASIL. Decreto n. 19.770, de 19 de março de 1931. **Diário Oficial [da] República dos Estados Unidos do Brasil**, Rio de Janeiro, 19 mar. 1931. Disponível em: <http://www.planalto.gov.br/ccivil_03/decreto/antigos/d19770.htm>. Acesso em: 10 maio 2021.

BRASIL. Decreto n. 24.694, de 12 de julho de 1934. **Diário Oficial [da] República dos Estados Unidos do Brasil**, Rio de Janeiro, 12 jul. 1934b. Disponível em: <https://www.planalto.gov.br/ccivil_03/decreto/1930-1949/d24694.htm>. Acesso em: 10 maio 2021.

BRASIL. Decreto-Lei n. 2.848, de 7 de dezembro de 1940. **Diário Oficial da União**, Poder Executivo, Rio de Janeiro, 31 dez. 1940. Disponível em: <http://www.planalto.gov.br/ccivil_03/decreto-lei/del2848compilado.htm>. Acesso em: 10 maio 2021.

BRASIL. Decreto-Lei n. 5.452, de 1º de maio de 1943. **Diário Oficial da União**, Poder Executivo, Rio de Janeiro, 9 ago. 1943. Disponível em: <http://www.planalto.gov.br/ccivil_03/decreto-lei/del5452compilado.htm>. Acesso em: 10 maio 2021.

BRASIL. Lei n. 7.783, de 28 de junho de 1989. **Diário Oficial da União**, Poder Legislativo, Brasília, DF, 29 set. 1989. Disponível em: <https://www.planalto.gov.br/ccivil_03/leis/l7783.htm>. Acesso em: 10 maio 2021.

BRASIL. Lei n. 8.078, de 11 de setembro de 1990. **Diário Oficial da União**, Poder Legislativo, Brasília, DF, 23 set. 1990. Disponível em: <https://www.planalto.gov.br/ccivil_03/leis/l8078.htm>. Acesso em: 10 maio 2021.

BRASIL. Lei n. 9.307, de 23 de setembro de 1996. **Diário Oficial da União**, Poder Legislativo, Brasília, DF, 30 out. 1996. Disponível em: <https://www.planalto.gov.br/ccivil_03/leis/l9307.htm>. Acesso em: 10 maio 2021.

BRASIL. Lei n. 10.101, de 19 de dezembro de 2000. **Diário Oficial da União**, Poder Legislativo, Brasília, DF, 20 dez. 2000a. Disponível em: <https://www2.camara.leg.br/legin/fed/lei/2000/lei-10101-19-dezembro-2000-353953-normaatualizada-pl.pdf>. Acesso em: 10 maio 2021.

BRASIL. Lei n. 10.192, de 14 de fevereiro de 2001. **Diário Oficial da União**, Poder Legislativo, Brasília, DF, 16 fev. 2001. Disponível em: <https://www.planalto.gov.br/ccivil_03/leis/leis_2001/l10192.htm>. Acesso em: 10 maio 2021.

BRASIL. Lei n. 10.406, de 10 de janeiro de 2002. **Diário Oficial da União**, Poder Legislativo, Brasília, DF, 11 jan. 2002. Disponível em: <https://www2.camara.leg.br/legin/fed/lei/2000/lei-10101-19-dezembro-2000-353953-normaatualizada-pl.pdf>. Acesso em: 10 maio 2021.

BRASIL. Lei n. 11.648, de 31 de março de 2008. **Diário Oficial da União**, Poder Legislativo, Brasília, DF, 31 mar. 2008a. Disponível em: <https://www.planalto.gov.br/ccivil_03/_ato2007-2010/2008/lei/l11648.htm>. Acesso em: 10 maio 2021.

BRASIL. Lei n. 13.105, de 16 de março de 2015. **Diário Oficial da União**, Poder Legislativo, Brasília, DF, 17 mar. 2015a. Disponível em: <http://www.planalto.gov.br/ccivil_03/_ato2015-2018/2015/lei/l13105.htm>. Acesso em: 10 maio 2021.

BRASIL. Lei n. 13.129, de 26 de maio de 2015. **Diário Oficial da União**, Poder Legislativo, Brasília, DF, 27 maio 2015b. Disponível em: <http://www.planalto.gov.br/ccivil_03/_ato2015-2018/2015/lei/l13129.htm>. Acesso em: 7 abr. 2021.

BRASIL. Lei n. 13.467, de 13 de julho de 2017. **Diário Oficial da União**, Poder Legislativo, Brasília, DF, 14 jul. 2017. Disponível em: <http://www.planalto.gov.br/ccivil_03/_ato2015-2018/2017/lei/l13467.htm>. Acesso em: 10 maio 2021.

BRASIL. Lei Complementar n. 123, de 14 de dezembro de 2006. **Diário Oficial da União**, Poder Legislativo, Brasília, DF, 15 dez. 2006. Disponível em: <https://www.planalto.gov.br/ccivil_03/leis/lcp/lcp123.htm>. Acesso em: 10 maio 2021.

BRASIL. Superior Tribunal Federal. Súmula n. 666, de 13 de outubro de 2003. **Diário da Justiça**, 13 out. 2003a. Disponível em: <http://www.stf.jus.br/portal/jurisprudencia/menuSumarioSumulas.asp?sumula=1642>. Acesso em: 10 maio 2021.

BRASIL. Superior Tribunal Federal. Súmula n. 677, de 19 de fevereiro de 2015. **Diário da Justiça**, 13 out. 2003b. Disponível em: <http://www.stf.jus.br/portal/jurisprudencia/menuSumarioSumulas.asp?sumula=2316>. Acesso em: 10 maio 2021.

BRASIL. Tribunal Superior do Trabalho. **Acórdão SDC RO-100536-74.2017.5.01.0000**. Órgão Judicante: Seção Especializada em Dissídios Coletivos. Relatora: Maria Cristina Irigoyen Peduzzi. Julgamento: 14/12/2020. Publicação: 7 jan. 2021a. Disponível em: <https://jurisprudencia.tst.jus.br/>. Acesso em: 10 maio 2021.

BRASIL. Tribunal Superior do Trabalho. **Acórdão SDC ROT-103-90. 2019.5.19.0000**. Órgão Judicante: Seção Especializada em Dissídios Coletivos. Relatora: Dora Maria da Costa. Julgamento: 14/12/2020. Publicação: 29 set. 2020a. Disponível em: <https://jurisprudencia.tst.jus.br/>. Acesso em: 10 maio 2021.

BRASIL. Tribunal Superior do Trabalho. **Acórdão SDC ROT-810-15. 2019.5.17.0000**. Órgão Judicante: Seção Especializada em Dissídios Coletivos. Relator: Mauricio Godinho Delgado. Julgamento: 14/12/2020. Publicação: 7 jan. 2021b. Disponível em: <https://jurisprudencia.tst.jus.br/>. Acesso em: 10 maio 2021.

BRASIL. Tribunal Superior do Trabalho. **Acórdão SDC RR-1002152-11.2016.5.02.0083**. Órgão Judicante: 8ª Turma. Relatora: Dora Maria da Costa. Julgamento: 09/12/2020. Publicação: 11 dez. 2020b. Disponível em: <https://jurisprudencia.tst.jus.br/>. Acesso em: 10 maio 2021.

BRASIL. Tribunal Superior do Trabalho. Orientação Jurisprudencial n. 5. **Orientação Jurisprudencial da SDC**, 27 set. 2012a. Disponível em: <https://www3.tst.jus.br/jurisprudencia/OJ_SDC/n_bol_01.html#TEMA5>. Acesso em: 10 maio 2021.

BRASIL. Tribunal Superior do Trabalho. Orientação Jurisprudencial n. 7. **Orientação Jurisprudencial da SDC**, 27 mar. 1998a. Disponível em: <https://www3.tst.jus.br/jurisprudencia/OJ_SDC/n_bol_01.html#TEMA7 >. Acesso em: 10 maio 2021.

BRASIL. Tribunal Superior do Trabalho. Orientação Jurisprudencial n. 8. **Orientação Jurisprudencial da SDC**, 27 mar. 1998b. Disponível em: <https://www3.tst.jus.br/jurisprudencia/OJ_SDC/n_bol_01.html#TEMA8>. Acesso em: 10 maio 2021.

BRASIL. Tribunal Superior do Trabalho. Orientação Jurisprudencial n. 10. **Orientação Jurisprudencial da SDC**, 27 mar. 1998c. Disponível em: <https://www3.tst.jus.br/jurisprudencia/OJ_SDC/n_bol_01.html#TEMA10>. Acesso em: 10 maio 2021.

BRASIL. Tribunal Superior do Trabalho. Orientação Jurisprudencial n. 11. **Orientação Jurisprudencial da SDC**, 27 mar. 1998d. Disponível em: <https://www3.tst.jus.br/jurisprudencia/OJ_SDC/n_bol_01.html#TEMA11>. Acesso em: 10 maio 2021.

BRASIL. Tribunal Superior do Trabalho. Orientação Jurisprudencial n. 13. **Orientação Jurisprudencial da SDC**, 24 nov. 2003c. Disponível em: <https://www3.tst.jus.br/jurisprudencia/OJ_SDC/n_bol_01.html#TEMA13>. Acesso em: 10 maio 2021.

BRASIL. Tribunal Superior do Trabalho. Orientação Jurisprudencial n. 32. **Orientação Jurisprudencial da SDC**, 19 ago. 1998e. Disponível em: <https://www3.tst.jus.br/jurisprudencia/OJ_SDC/n_bol_21.html#TEMA32>. Acesso em: 10 maio 2021.

BRASIL. Tribunal Superior do Trabalho. Orientação Jurisprudencial n. 34. **Orientação Jurisprudencial da SDC**, 7 dez. 1998f. Disponível em: <https://www3.tst.jus.br/jurisprudencia/OJ_SDC/n_bol_21.html#TEMA34>. Acesso em: 10 maio 2021.

BRASIL. Tribunal Superior do Trabalho. Orientação Jurisprudencial n. 35. **Orientação Jurisprudencial da SDC**, 7 dez. 1998g. Disponível em: <https://www3.tst.jus.br/jurisprudencia/OJ_SDC/n_bol_21.html#TEMA35>. Acesso em: 10 maio 2021.

BRASIL. Tribunal Superior do Trabalho. Orientação Jurisprudencial n. 38. **Orientação Jurisprudencial da SDC**, 7 dez. 1998h. Disponível em: <https://www3.tst.jus.br/jurisprudencia/OJ_SDC/n_bol_21.html#TEMA38>. Acesso em: 10 maio 2021.

BRASIL. Tribunal Superior do Trabalho. Orientação Jurisprudencial n. 65. **Orientação Jurisprudencial da SBDI-2**, 20 set. 2000b. Disponível em: <https://www3.tst.jus.br/jurisprudencia/OJ_SDI_2/n_S5_61.htm#65>. Acesso em: 10 maio 2021.

BRASIL. Tribunal Superior do Trabalho. Orientação Jurisprudencial n. 137. **Orientação Jurisprudencial da SBDI-2**, 4 maio. 2004. Disponível em: <https://www3.tst.jus.br/jurisprudencia/OJ_SDI_2/n_S6_121.htm#tema137>. Acesso em: 10 maio 2021.

BRASIL. Tribunal Superior do Trabalho. Orientação Jurisprudencial n. 266. **Orientação Jurisprudencial da SBDI-1**, 25 abr. 2005a. Disponível em: <https://www3.tst.jus.br/jurisprudencia/OJ_SDI_1/n_s1_261.htm#TEMA266>. Acesso em: 10 maio 2021.

BRASIL. Tribunal Superior do Trabalho. Orientação Jurisprudencial n. 322. **Orientação Jurisprudencial da SBDI-1**, 9 dez. 2003d. Disponível em: <https://www3.tst.jus.br/jurisprudencia/OJ_SDI_1/n_s1_321.htm#TEMA322>. Acesso em: 10 maio 2021.

BRASIL. Tribunal Superior do Trabalho. Orientação Jurisprudencial n. 365. **Orientação Jurisprudencial da SBDI-1**, 23 maio 2008b. Disponível em: <https://www3.tst.jus.br/jurisprudencia/OJ_SDI_1/n_s1_361.htm#TEMA365>. Acesso em: 10 maio 2021.

BRASIL. Tribunal Superior do Trabalho. **Precedentes Normativos da Jurisprudência Uniforme do Tribunal Superior do Trabalho**, 2021c. Disponível em: <https://www3.tst.jus.br/jurisprudencia/PN_com_indice/PN_completo.html#Tema_PN83>. Acesso em: 10 maio 2021.

BRASIL. Tribunal Superior do Trabalho. Súmula n. 190, de 21 de novembro de 2003. **Diário da Justiça**, 19, 20, 21 nov. 2003e. Disponível em: <https://www3.tst.jus.br/jurisprudencia/Sumulas_com_indice/Sumulas_Ind_151_200.html#SUM-190>. Acesso em: 10 maio 2021.

BRASIL. Tribunal Superior do Trabalho. Súmula n. 277, de 27 de setembro de 2012. **Diário da Justiça**, 25, 26, 27 set. 2012b. Disponível em: <https://www3.tst.jus.br/jurisprudencia/Sumulas_com_indice/Sumulas_Ind_251_300.html#SUM-277>. Acesso em: 10 maio 2021.

BRASIL. Tribunal Superior do Trabalho. Súmula n. 286, de 21 de novembro de 2003. **Diário da Justiça**, 19, 20, 21 nov. 2003f. Disponível em: <https://www3.tst.jus.br/jurisprudencia/Sumulas_com_indice/Sumulas_Ind_251_300.html#SUM-286>. Acesso em: 10 maio 2021.

BRASIL. Tribunal Superior do Trabalho. Súmula n. 369, de 27 de setembro de 2012. **Diário da Justiça**, 25, 26, 27 set. 2012c. Disponível em: <https://www3.tst.jus.br/jurisprudencia/Sumulas_com_indice/Sumulas_Ind_351_400.html#SUM-369>. Acesso em: 10 maio 2021.

BRASIL. Tribunal Superior do Trabalho. Súmula n. 379, de 25 de abril de 2005. **Diário da Justiça**, 20, 22, 25 abr. 2005b. Disponível em: <https://www3.tst.jus.br/jurisprudencia/Sumulas_com_indice/Sumulas_Ind_351_400.html#SUM-379>. Acesso em: 10 maio 2021.

BRITO FILHO, J. C. M. de. **Direito sindical**. 8. ed. São Paulo: LTr, 2019.

CARRION, V. **Comentários à Consolidação das Leis do Trabalho**. 26. ed. São Paulo: Saraiva, 2001.

CASSAR, V. B. **Direito do trabalho**: de acordo com a reforma trabalhista. 15. ed. São Paulo: Método, 2018.

DELGADO, M. G. **Curso de direito dotrabalho**. 14. ed. São Paulo: LTr, 2015.

DELGADO, M. G. **Curso de direito do trabalho**. 18. ed. São Paulo: LTr, 2019.

DELGADO, M. G. **Curso de direito do trabalho**. 19. ed. São Paulo: LTr, 2020.

DELGADO, M. G.; DELGADO, G. N. **A reforma trabalhista no Brasil com os comentários à Lei n. 13. 467/2017**. São Paulo: LTr, 2017.

FIEB – Federação das Indústrias do Estado da Bahia. **Tabela de Contribuição Sindical**. 2021. Disponível em: <http://www.fieb.org.br/sindicatos/Pagina/250/Tabela-para-Calculo-da-Contribuicao-Sindical-2021.aspx>. Acesso em: 10 maio 2021.

GOMES, O.; GOTTSCHALK, E. **Curso de direito do trabalho**. Rio de Janeiro: Forense, 1991.

HINZ, H. M. **Direito coletivo do trabalho**. São Paulo: Saraiva, 2012.

JORGE NETO, F. F.; CAVALCANTE, J. de Q. P. **Direito do trabalho**. 8. ed. São Paulo: Atlas, 2015.

LEÃO XIII, Papa. **Rerum Novarum**. Roma, 15 de maio de 1891. Disponível em: <http://www.vatican.va/content/leo-xiii/pt/encyclicals/documents/hf_l-xiii_enc_15051891_rerum-novarum.html>. Acesso em: 10 maio 2021.

LEITE, C. H. B. **Curso de direito do trabalho**. 10. ed. São Paulo: Saraiva, 2018.

LEITE, C. H. B. **Direito processual coletivo do trabalho**: na perspectiva dos direitos humanos. São Paulo: LTr, 2015.

LEITE, C. H. B. **Direito processual do trabalho**. 18. ed. São Paulo: Saraivajur, 2020.

MAGANO, O. B. **Organização sindical brasileira**. São Paulo: Revista dos Tribunais, 1990.

MARTINS, S. P. **Direito do trabalho**. 28. ed. São Paulo: Atlas, 2012.

MARTINEZ, L. **Reforma trabalhista**: entenda o que mudou: CLT comparada e comentada. São Paulo: Saraiva, 2018.

MTE – Ministério do Trabalho e Emprego. Secretaria de Relações do Trabalho. Instrução Normativa n. 3. **Diário Oficial da União,** Brasília, DF, 23 abr. 2004.

MTE – Ministério do Trabalho e Emprego. **Portaria MTE n. 186/2008. Diário Oficial da União**, Brasília, DF, 10 abr. 2008. Disponível em: <https://www.legisweb.com.br/legislacao/?id=207308>. Acesso em: 10 maio 2021.

MTE – Ministério do Trabalho e Emprego. Portaria MTE n. 326/2013. **Diário Oficial da União**, Brasília, DF, 1º mar. 2013. Disponível em: <http://www.normaslegais.com.br/legislacao/portaria-mte-326-2013.htm>. Acesso em: 10 maio 2021.

NASCIMENTO, A. M. **Curso de direito do trabalho**: história e teoria geral do direito do trabalho – relações individuais e coletivas do trabalho. 7. ed. São Paulo: Saraiva, 1989.

NASCIMENTO, A. M.; NASCIMENTO, S. M. **Curso de direito do trabalho**. 29. ed. São Paulo: Saraiva, 2014.

NASCIMENTO, A. M.; NASCIMENTO, S. M. **Compêndio de direito sindical**. 8. ed. São Paulo: LTr, 2015.

OIT – Organização Internacional do Trabalho. **Convenções**. 2021a. Disponível em: <https://www.ilo.org/brasilia/convencoes/lang pt/index.htm>. Acesso em: 10 maio 2021.

OIT – Organização Internacional do Trabalho. **Convenções não ratificadas**. 2021b. Disponível em: <https://www.ilo.org/brasilia/convencoes/WCMS_242947/lang pt/index.htm>. Acesso em: 10 maio 2021.

OIT – Organização Internacional do Trabalho. **Recomendações**. 2021c. Disponível em: <https://www.ilo.org/brasilia/convencoes/WCMS_242958/lang pt/index.htm>. Acesso em: 10 maio 2021.

OLIVEIRA, F. A. de O. **Manual de direito individual e coletivo do trabalho**. 3. ed. São Paulo: LTr, 2015.

ONU – Organização das Nações Unidas. **Declaração Universal dos Direitos Humanos**. 1948. Disponível em: <https://www.unicef.org/brazil/declaracao-universal-dos-direitos-humanos>. Acesso em: 10 maio 2021.

PINTO, J. A. R. **Direito sindical e coletivo do trabalho**. São Paulo: LTr, 1998.

RUPRECHT, A. **Relações coletivas de trabalho**. São Paulo: LTr, 1995.

RUSSOMANO, M. V. Direito do trabalho no século XX. In: ESTUDOS DE DIREITO DO TRABALHO. **Anais...** Cinquentenário da Justiça do Trabalho, Curitiba: Juruá, 1992.

RUSSOMANO, M. V. **Direito do trabalho & direito processual do trabalho**: novos rumos. 2. ed. Curitiba: Juruá, 2006.

SANTOS, A. J. dos. **Direito coletivo do trabalho**: as relações coletivas de trabalho após o advento da lei da reforma trabalhista (Lei 13.467/2017). São Paulo: LTr, 2019.

SANTOS, E. R. dos. **Negociação coletiva do trabalho nos setores público e privado**. São Paulo: LTr, 2015.

SANTOS, E. R. dos. **Processo coletivo do trabalho**. Rio de Janeiro: Forense, 2018.

SIMM, Z. **Acosso psíquico no ambiente de trabalho**: manifestações, efeitos, prevenção e reparação. São Paulo: LTr, 2008.

SOUZA JÚNIOR, A. U. de et al. **Análises e comentários sobre a Lei n. 13.467/2017**. São Paulo: LTr, 2018.

STF – Supremo Tribunal Federal. Supremo determina aplicação da lei de greve dos trabalhadores privados aos servidores públicos. **Notícias STF**, 2007. Disponível em: <http://www.stf.jus.br/portal/cms/verNoticiaDetalhe.asp?idConteudo=75355>. Acesso em: 10 maio 2021.

SÜSSEKIND, A. **Curso de direito do trabalho**. 2. ed. Rio de Janeiro: Renovar, 2004.

VAZ, A. A. **Direito fundamental à liberdade sindical no Brasil e os tratados de direitos humanos**. São Paulo: LTr, 2016.

URIARTE, O. E. **A flexibilização da greve**. Tradução de Edilson Alkmin. São Paulo: LTr, 2000.

Anexos

A. Modelo de convenção coletiva de trabalho

CONVENÇÃO COLETIVA DE TRABALHO que entre si ajustam, de um lado, como empregador, o **Sindicato dos Empregadores** ...., no final assinado, por seu diretor, e, de outro lado, representando os empregados, o **Sindicato dos Empregados** ...., por seu diretor-presidente, infra-assinado, todos devidamente autorizados pelas respectivas assembleias gerais, têm entre si justos e contratados firmar a presente convenção, a se reger pelas cláusulas adiante:

1. Reajuste salarial fixado para o mês de ...., a incidir sobre os salários percebidos pelos empregados em , segundo a diversidade de faixas salariais.

2. Esta convenção terá validade de 15 (quinze) meses, a partir de ....

3. Para compensar a alteração do termo final da presente convenção, em será concedido aumento salarial correspondente à variação nominal do índice ... (ou equivalente) entre .... e ...., e daí em diante será observada a semestralidade legal.

4. Aos empregados admitidos após, o reajuste salarial será proporcional a 1/6 (um sexto) do índice determinado, por mês de serviço na mesma empresa.

5. Os adiantamentos concedidos após serão compensados, ressalvados os decorrentes de promoção, transferência, implemento de idade, equiparação salarial ou término de contrato de aprendizagem ou experiência.

6. Fica assegurado aos componentes da categoria profissional, abrangidos pela presente convenção, piso salarial de ingresso igual ao salário mínimo acrescido de 20% (vinte por cento).

7. Ficam assegurados os seguintes pisos salariais mínimos de ingresso:

a) para ou quem exercer as referidas funções: 2,80 salários mínimos;

b) para ou quem exercer as referidas funções: .... 2,30 salários mínimos.

8. À empregada gestante fica assegurada a estabilidade no emprego, desde o início da gravidez, até 60 (sessenta) dias após o término da licença previdenciária.

9. Fica vedada a prorrogação de horário de trabalho aos empregados estudantes, que comprovem a sua situação escolar.

10. Abono de faltas do vestibulando para prestar exames vestibulares, até no máximo de 4 (quatro) faltas.

11. Na rescisão contratual ficam os empregadores obrigados a dar baixa na carteira de trabalho do empregado no prazo máximo de 7 (sete) dias e, no mesmo prazo, a proceder ao pagamento dos haveres devidos a este. No caso do não-comparecimento do empregado para receber os seus haveres, será protocolado, pela empresa, perante o sindicato da categoria, documento comprovando a disposição de proceder ao referido pagamento.

12. Quando for exigido, pela empresa, o uso obrigatório de uniforme, este será por ela fornecido ao empregado gratuitamente.

13. Durante o prazo do aviso prévio, dado por qualquer das partes, ficam vedadas as alterações nas condições de trabalho, inclusive transferência de local e de horário, ou qualquer outra alteração, sob pena de rescisão imediata do contrato de trabalho, respondendo o empregador pelo pagamento do restante do aviso prévio e verbas rescisórias, ressalvados os casos de dispensa por justa causa.

14. Todos os trabalhadores e empresas abrangidos por esta convenção, associados ou não das entidades convenentes, deverão cumprir as normas nela contidas, na forma da legislação em vigor.

15. Ao empregado despedido por alegação de justa causa, o empregador deverá entregar declaração do motivo determinante, com a devida assistência do sindicato, sob pena de presunção de injusta causa.

16. Fica garantido o adicional de insalubridade de 40% (quarenta por cento) para os empregados que trabalham em contato permanente e contínuo com ....

17. Fica assegurado o prêmio de 1 (um) salário mínimo, por ocasião da concessão de férias, ao empregado que não houver faltado ao serviço durante o período aquisitivo, exceto nos casos previstos no art. 473 da Consolidação das Leis do Trabalho.

18. Os empregadores fornecerão lanches ou refeições, gratuitamente, aos empregados que trabalharem em horário noturno e nos plantões, ficando excluídos os que trabalharem em plantões diurnos desde que o intervalo para descanso e refeições seja de duas horas. Estas refeições deverão conter as calorias necessárias.

19. Fica assegurada a estabilidade provisória ao empregado convocado para o Serviço Militar, a partir da efetiva convocação, comprovada documentalmente, até 60 (sessenta) dias após o seu término.

20. Fica vedado o desconto dos salários dos empregados, ou mesmo imposição de pagamento, por danificações de equipamentos de trabalho, usados no exercício das funções, exceto nos casos de dolo ou culpa, por imperícia, negligência e imprudência.

21. A mensalidade sindical, para associados será de .... dos salários reajustados em ...., de cada empregado associado, com recolhimento até o dia ....

22. Em decorrência da peculiaridade da atividade dos empregadores, fica acordado o horário, ..., implícita a compensação, sendo que as horas suplementares a partir da 8ª (oitava) terão um acréscimo de 20% (vinte por cento) sobre o valor da hora normal de trabalho, ficando, entretanto, fixada a jornada semanal em 44 (quarenta e quatro) horas.

23. Pelas mesmas razões consignadas na cláusula 28, fica estabelecido o horário de 6 (seis) horas diárias, com um plantão de 12 (doze) horas no sábado ou no domingo, estando implícita a compensação, sem o pagamento de qualquer acréscimo, ficando, entretanto, fixada em 44 (quarenta e quatro) horas a jornada semanal de trabalho.

24. Fica garantida aos membros da diretoria do sindicato, no máximo de 1 (um) por empresa, a ausência ao serviço para tratar de assuntos sindicais, até no máximo de 15 (quinze) dias por ano, mediante simples protocolo de licença, com antecedência de no mínimo 7 (sete) dias úteis, sem que isto gere desconto dos dias de afastamento, devendo no retorno comprovar a participação no evento.

25. As partes convenentes outorgam, pela presente convenção, competência para o sindicato ajuizar perante a Justiça do Trabalho ações de cumprimento visando, exclusivamente, a cobrança de diferenças salariais decorrentes dos aumentos concedidos pelo presente instrumento ou pela Lei n. .... e suas alterações, independentemente da condição de associado ou não e outorgada procuração.

26. As partes, pela presente convenção, estabelecem como competente, para processar e julgar as ações de cumprimento, a Justiça do Trabalho, visando a cobrança de taxa de reversão salarial e contribuição sindical.

27. Pelo descumprimento de qualquer cláusula acordada, fica o empregador obrigado ao pagamento da multa de 1 (um) salário do empregado (o último percebido), que reverterá em favor do empregado prejudicado, multa esta devida tantas vezes quantas forem as violações praticadas.

O presente ajuste é considerado firme e valioso para abranger, por seus dispositivos, todos os contratos individuais de trabalho dos componentes da classe e da categoria.

E, por estarem justos e contratados, firmam o presente instrumento em 7 (sete) vias de igual teor e valor.

Local, data.

SINDICATO DOS EMPREGADORES   SINDICATO DOS EMPREGADOS

Obs.: No presente modelo, constam as cláusulas essenciais e foram inseridas, a título de exemplo, algumas outras. Ressaltamos que as cláusulas podem ser alteradas a critério das partes convenentes desde que não firam o disposto em norma constitucional e o disposto nos arts. 611-B e 62 da CLT.

B. Modelo de acordo coletivo de trabalho

Por este instrumento de ACORDO COLETIVO DE TRABALHO, no qual figuram de um lado a **EMPRESA**........., pessoa jurídica de direito privado, estabelecida nesta cidade de ......, Estado do ......, na Rua ...., inscrita no Cadastro Geral de Contribuintes–CNPJ, sob o nº ...., neste ato representado por seu sócio ...., e, de outro lado os seus EMPREGADOS, neste ato representados pelo sindicato laboral, **SINDICATO DOS EMPREGADOS EM** ..., por seus representante legal, que ao final assina, doravante denominado SINDICATO, firmam o presente instrumento coletivo nos termos e condições seguintes:

CLÁUSULA PRIMEIRA–ABRANGÊNCIA: O presente acordo coletivo de trabalho se aplica a todos empregados da Empresa ... ora representados pelo Sindicato, nos municípios que compreendem a base territorial do Sindicato.... no Estado do ....

CLÁUSULA SEGUNDA–PRAZO DE VIGÊNCIA: A vigência deste acordo será por prazo determinado, com início previsto para .../.../... à .../.../....

CLÁUSULA TERCEIRA–REAJUSTE SALARIAL: A Empresa concederá aos seus empregados o reajuste de ..., a ser aplicado sobre os salários vigentes em .../.../..., Para os empregados admitidos após o mês de ... de ..., o reajuste salarial será proporcional ao tempo de serviço nos termos da ....

CLÁUSULA QUINTA – APLICAÇÃO DA CCT ...

As demais cláusulas da convenção coletiva de trabalho assinada entre o sindicato dos empregados ... e o respectivo sindicato patronal ... deverão ser cumpridas automaticamente pela empresa, exceto aquelas conflitantes com o presente acordo.

CLÁUSULA DECIMA – DISPOSIÇÕES FINAIS: O presente acordo coletivo é considerado firme e valioso para abranger, por seus dispositivos, todos os contratos individuais de trabalho firmados entre a empresa e os trabalhadores representados pelo Sindicato ...., inclusive aqueles que venham a ser firmados após essa data, independentemente de qualquer outra formalidade. Desta forma, diante da manifestação de comum acordo, tem-se como cumpridas as exigências legais, observados os dispositivos de proteção do trabalho.

Local, data.

EMPREGADOR   SINDICATO DOS EMPREGADOS

Obs.: Assim como no modelo de convenção coletiva, no presente modelo de acordo coletivo constam as cláusulas essenciais e foram inseridas, a título de exemplo, algumas outras. Ressaltamos que as cláusulas podem ser alteradas a critério das partes convenentes desde que não firam o disposto em norma Constitucional e o disposto nos arts. 611-B e 620, da CLT.

C. Modelo petição de dissídio coletivo de greve

EXCELENTÍSSIMO SENHOR DOUTOR JUIZ PRESIDENTE DO EGRÉGIO TRIBUNAL REGIONAL DO TRABALHO DA XXª REGIÃO

EMPRESA .... LTDA., pessoa jurídica de direito privado, inscrita no CNPJ sob o n.º ..., com sede à ...., nº ...., bairro ...., CEP ..., na cidade de ...., vem perante Vossa Excelência, por seus procuradores, mandato em anexo, propor

DISSÍDIO COLETIVO DE GREVE, com fulcro nos arts. 840 e 856 e seguintes da CLT, e art. 319, inciso III, do CPC, este aplicado subsidiariamente ao processo do trabalho nos termos do art. 769 da CLT., e art. 15 do CPC., e arts. 5º, inciso XXXV, e 114, parágrafo 2º, da CRFB/1988, e na Lei 7.783/89, em face de

SINDICATO DOS EMPREGADOS ......, inscrito no CNPJ sob o n.º ..., com sede à ..., nº ..., bairro ..., CEP ..., na cidade de ...., pelas razões de fato e de direito a seguir expostas:

I - DO SINDICATO SUSCITADO

A empresa suscitante tem sua atividade econômica preponderante no ramo da ..., conforme os documentos ......, em anexo, sendo que os seus empregados são representados pela entidade sindical ora suscitada (OJ n. 22 – SDC. TST), conforme o registro sindical junto ao Ministério do Trabalho e Emprego (OJ n. 15 – SDC. TST).

OJ. n. 22 – SDC, TST. Legitimidade "ad causam" do sindicato. Correspondência entre as atividades exercidas pelos setores profissional e econômico envolvidos no conflito. Necessidade. (inserido dispositivo) – É necessária a correspondência entre as atividades exercidas pelos setores profissional e econômico, a fim de legitimar os envolvidos no conflito a ser solucionado pela via do dissídio coletivo.

OJ n. 15 – SDC. TST. Sindicato. Legitimidade "ad processum". Imprescindibilidade do registro no ministério do trabalho. A comprovação da legitimidade "ad processum" da entidade sindical se faz por seu registro no órgão competente do Ministério do Trabalho, mesmo após a promulgação da Constituição Federal de 1988.

II - DA NEGOCIAÇÃO COLETIVA

A Empresa ....., vinha regularmente, na data base da categoria profissional que é em .../..../..., celebrando acordos coletivos de trabalho, nos termos do art. 611, parágrafo 1º da CLT, com o Sindicato .....

A Empresa ...... foi convidada pela entidade sindical para uma reunião nas suas dependências no dia ..../...../...., às .... horas, a qual foi realizada e na qual foi apresentada a pauta de reivindicações da categoria profissional para o período de 20.../20....

Dentre as principais reivindicações, a categoria profissional pretende:

a) Reposição das perdas salariais em 15% (quinze por cento);

b) Implementação do adicional por tempo de serviço, para os empregados com mais de um ano de serviço no valor de R$...,. , por ano trabalhado;

c) A garantia de emprego mediante estabilidade por 90 dias após a celebração do acordo coletivo.

III - PARALISAÇÃO DOS SERVIÇOS – IMPRESCINDIBILIDADE DA NEGOCIAÇÃO e AVISO PRÉVIO

III.I – DA NEGOCIAÇÃO

Os empregados da Empresa Suscitante estão em greve desde o dia .../.../..., contudo, não se teve a plena exaustão do processo de negociação coletiva entre a empresa e a entidade sindical suscitada conforme o preconizado no art. 3º da Lei n. 7.783/89, e OJ n. 11 SDC, TST.

Nem tampouco ocorreu a tentativa arbitral para a solução do conflito, nos termos do parágrafo 2º, do art. 114, da CRFB/1988.

III.II – DO AVISO PRÉVIO

A norma legal não admite a greve surpresa, tanto é que não foi observado o aviso prévio de 48 horas (art. 3º, parágrafo único), para a deflagração do movimento paredista.

IV – DA ABUSIVIDADE DA GREVE

O direito constitucional de greve não é absoluto (art. 9º, CRFB/1988). A lei infraconstitucional deve prever as hipóteses de atendimento das necessidades inadiáveis da comunidade quanto aos serviços e às atividades essenciais, bem como de abusos cometidos e da responsabilização dos envolvidos.

Para que a greve não seja considerada abusiva, é necessário que a entidade sindical observe os requisitos previstos na Lei n. 7.783/1989, em especial sejam exauridas todas as possibilidades de conciliação (art. 3º) e em ato contínuo é imprescindível o aviso prévio de no mínimo

OJ n. 11 SDC, TST. "Greve. Imprescindibilidade de tentativa direta e pacífica da solução do conflito. Etapa negocial prévia. É abusiva a greve levada a efeito sem que as partes hajam tentado, direta e pacificamente, solucionar o conflito que lhe constitui o objeto."

E, mais, deveria o Sindicato Suscitado ter comunicado a empresa suscitante com uma antecedência mínima de 48 horas (art. 3º, parágrafo único), para que a mesma pudesse manter uma equipe mínima para evitar solução de continuidade na sua linha de produção.

Assim, o movimento paredista deflagrado pelo Sindicato Suscitado, só pode ser tido como abusivo, tendo em vista que não exauriu todos os meios pacíficos de solução do conflito e nem tampouco se utilizou de meios para efetuar a comunicação do aviso prévio para a deflagração da greve.

Ante o exposto, a Empresa Suscitante espera o reconhecimento da abusividade do movimento paredista, determinando-se o imediato retorno dos trabalhadores à atividade, bem como a autorização para que se efetue o desconto dos dias parados dos trabalhadores (art. 8º, Lei n. 7.783/89), e se arbitre multa ao Sindicato Suscitado em caso de descumprimento.

V – PEDIDO E REQUERIMENTOS

a) Diante o exposto, espera o regular processamento da presente ação, com a citação e intimação do Sindicato Suscitado para que compareça à audiência de conciliação a ser designada por Vossa Excelência em caráter de urgência e apresente sua defesa, sob pena de incorrer nos efeitos da revelia;

b) Seja reconhecido a abusividade do movimento paredista, determinando-se o imediato retorno dos trabalhadores à atividade;

c) Seja autorizado o desconto dos dias parados dos trabalhadores (art. 8º, Lei n. 7.783/89); e

d) Se arbitre multa ao Sindicato Suscitado em caso de descumprimento.

Pretende-se provar o alegado por todos os meios de prova admitidos em direito: depoimento pessoal do representante do sindicato, documental, pericial e outros meios que se fizerem necessários.

Dá-se à causa o valor de R$ ....

Termos em que pede e espera deferimento.

Local, data

Advogado / OAB

D. Modelo de sentença normativa

SENTENÇA NORMATIVA

PROCESSO TRT... N. 000001.00.2021.00.0000–DISSÍDIO COLETIVO.

Acórdão nº 000001.00.2021.00.0000

Vistos, relatados e discutidos estes autos de dissídio coletivo de natureza econômica (Proc. TRT .... nº 000001.00.2021.00.0000, de ...., em que figuram como suscitantes os Sindicatos .... e, ... de comum acordo.

Acordam os juízes de Turmas do Tribunal Regional do Trabalho da __ª Região, por maioria de votos, preliminarmente, ser aplicável ao presente dissídio a Lei n. ....; no mérito, por maioria de votos, em conceder o aumento de 7%, a título de produtividade, calculado sobre o salário da data-base (.........), na forma da Lei n. ......; por maioria de votos, em conceder igual aumento aos empregados admitidos após ...., sobre o salário de admissão até o limite do salário reajustado do empregado exercente da mesma função, admitido até doze meses anteriores à data-base; não havendo paradigma ou em se tratando de empresa constituída após ...., fica assegurado ao empregado aumento proporcional à razão de 1/12 avos por mês de serviço; fica o piso salarial reajustado nas mesmas proporções do reajuste automático acrescido do aumento salarial ora concedido, por maioria de votos; por unanimidade de votos, em determinar a compensação de todos os aumentos concedidos posteriormente à data-base, compulsórios e espontâneos, salvo os decorrentes de promoção, transferência, equiparação salarial e término de aprendizagem; por unanimidade de votos, em determinar o pagamento e vigência das condições a partir de ...., com o prazo de duração de um ano; por maioria de votos, em estabelecer multa de 1% do valor devido na hipótese de não-pagamento das verbas decorrentes da rescisão contratual, após o décimo dia útil a contar da data da rescisão, multa que incidirá por dia de atraso; por maioria de votos, em fixar o adicional de 100% para as horas extras; por maioria de votos, em determinar que o empregado readmitido na mesma empresa e na função exercida anteriormente não se submeterá a contrato de experiência; por unanimidade de votos, em estabelecer o pagamento em dobro do salário devido pelo trabalho em domingos e feriados, independentemente de folga compensatória, aos empregados.

Os sindicatos dos trabalhadores nas indústrias de .... e o Sindicato das Pequenas e Médias Empresas de ...., de comum acordo, ajuizaram dissídio coletivo de natureza econômica, postulando, ambos, o acolhimento das pretensões e numeradas às fls. ....

Realizada a Mesa-Redonda, não se chegou a um acordo.

Realizada a audiência de conciliação perante a Vara do Trabalho de ...., as partes esclareceram que a única conciliação residia na manutenção de cláusulas do acordo anterior, do ano de .... A autoridade delegada prestou as informações de fls.

A douta Procuradoria manifestou-se pela procedência do dissídio, mantendo-se as cláusulas da convenção coletiva anterior no que não contrariar a Lei n. ....

É o relatório.

VOTO

Conheço.

No mérito, julgo procedente em parte o dissídio coletivo.

Sobre o salário atual ...., incidirão os reajustes semestrais, em conformidade com as faixas de valor de salários e, cumulativamente, em conformidade com a Lei n. ....

Deixo de acolher as cláusulas 2, 3, 5, 6, 7, 8 e 9, as quais deverão ser objeto de convenção coletiva (fls. 5).

Acolho, também, o aumento de produtividade de 7%.

Nessa conformidade, acolho as seguintes cláusulas do dissídio coletivo:

1ª) O aumento de 7%, a título de produtividade, calculado sobre o salário da data-base (..............), na forma da Lei n. ....

2ª) Concessão de igual aumento aos empregados admitidos após ...., sobre o salário de admissão até o limite reajustado de empregado exercente da mesma função, admitido até doze meses anteriores à data-base, não havendo paradigma ou em se tratando de empresa constituída após ...., fica assegurado ao empregado aumento proporcional à razão de 1/12 avos por mês de serviço.

3ª) Fica o piso salarial reajustado nas mesmas proporções do reajuste automático acrescido do aumento salarial ora concedido.

4ª) Compensação de todos os aumentos concedidos posteriormente à data-base, compulsórios e espontâneos, salvo os decorrentes de promoção, transferência, equiparação salarial e término de aprendizagem.

5ª) Pagamento e vigência das condições a partir de ...., com o prazo de duração de um ano.

6ª) Multa de 1% do valor devido na hipótese de não-pagamento das verbas decorrentes da rescisão contratual, após o décimo dia útil a contar da data da rescisão, multa que incidirá por dia de atraso.

7ª) Adicional de 100% para as horas extras.

8ª) O empregado readmitido na mesma empresa e na função exercida anteriormente não se submeterá a contrato de experiência.

9ª) Pagamento em dobro do salário devido pelo trabalho em domingos e feriados, independentemente de folga compensatória, aos empregados de ....

Homologo o acordo das partes (fls. 41) quanto à manutenção das cláusulas do acordo anterior relativo ao ano de ...., e que são as seguintes:

1ª) Concessão de estabilidade para os delegados do sindicato enquanto durar o seu mandato. Os delegados serão eleitos um para cada cidade circunscrita na jurisdição do sindicato suscitante, à exceção do local de sua sede, através de assembleia geral extraordinária especificamente convocada, sendo que os respectivos mandatos terão vigência de um ano.

2ª) Estabilidade provisória para a gestante até noventa dias após o término do afastamento compulsório.

3ª) Fornecimento gratuito de lanches para o trabalhador no período noturno, a critério do empregador, e que se constituirá no mínimo de café e pão.

4ª) Pagamento de adicional de insalubridade que for fixado, independentemente do fornecimento de equipamentos de proteção individual, sempre que for constada a existência de condições insalubres, através de processo judicial de iniciativa do sindicato ou de inspeção solicitada pelo órgão especializado.

5ª) A título de contribuição assistencial as empresas descontarão, do primeiro salário já reajustado de todos os trabalhadores, sejam eles ou não associados do suscitante, a importância equivalente a um dia de trabalho. O recolhimento dessa contribuição se efetuará em conta existente na .... (instituição bancária), em nome deste sindicato.

6ª) Garantia de intervalo mínimo de uma hora, durante a jornada de trabalho, destinado a repouso e alimentação dos empregados, com o consequente pagamento em dobro dessa hora, quando trabalhada, a título de reparação do ilícito.

7ª) Até o final de dezembro de cada ano, as empresas deverão comprovar, junto aos seus empregados, a efetivação dos depósitos do Fundo de Garantia por Tempo de Serviço, fornecendo-lhes os comprovantes, através de extratos devidamente atualizados.

8ª) Fornecimento gratuito aos empregados de fardamentos, uniformes, macacões e demais peças de vestimentas, quando exigidos pelos empregadores, na prestação dos serviços.

9ª) Fornecimento obrigatório de comprovantes de pagamentos com discriminação das importâncias pagas e descontos efetuados, contendo a identificação da empresa e os recolhimentos do Fundo de Garantia por Tempo de Serviço.

10ª) Fixação de multa contra a empresa que violar quaisquer das condições normativas, no valor de dez por cento do salário-de-referência vigente, e que deverá repetir-se, mês a mês, enquanto perdurar a infração, revertendo-se seu valor à parte prejudicada.

11ª) Garantia do empregado vitimado por acidente do trabalho, na forma da legislação vigente.

12ª) Descanso semanal para todos os empregados da categoria, de preferência aos domingos, obedecendo-se a escala de revezamento prevista em lei.

13ª) Garantia de estabilidade na empresa, em favor dos dirigentes sindicais, quando ausentes do trabalho para exercer o cargo de mandato sindical.

14ª) As partes convenentes se comprometem a iniciar negociações preliminares, objetivando a realização da próxima convenção coletiva de trabalho, dentro de noventa dias antes da data-base estabelecida.

15ª) As partes convenentes se comprometem, dentro do prazo de cento e oitenta dias, a contar da vigência da presente convenção coletiva de trabalho, a manter negociações diretas objetivando a fixação de um piso salarial para a categoria integrante do sindicato suscitante, cujo resultado, se positivo, será objeto de aditamento à presente convenção por ocasião da data do reajuste salarial, isto é, ...

Custas *ex lege*.

(Localidade e data)

Presidente Regimental

Relator

....

Procurador (Ciente)

Sobre o autor

Ronald Silka de Almeida é mestre em Direito pela Faculdades Integradas do Brasil (UniBrasil), tem aperfeiçoamento em Direito do Trabalho e Processual do Trabalho pela Universidade Sapienza, Roma (2017). É pós-graduado em Formação Pedagógica do Professor Universitário (2006) e também em Direito Material e Processual do Trabalho (2005) pela Pontifícia Universidade Católica do Paraná (PUCPR). Tem graduação em Direito pela Faculdade de Direito de Curitiba (1986). É professor convidado dos cursos de Pós-Graduação em Direito Material e Processual do Trabalho na PUCPR; Pós-Graduação em Direito Previdenciário e do Trabalho na Faculdade Estácio; do curso de MBA em

Legislação Trabalhista e Previdenciária na Faculdade de Ciências Sociais e Aplicadas do Paraná (Facet-PR) e da Pós-Graduação em Direitos e Processos do Trabalho e Previdenciário na Academia Brasileira de Direito Constitucional (ABDConst). Atua como professor de Direito do Trabalho, Processo do Trabalho, Direito Previdenciário, Direitos Humanos e Democracia e é coordenador de Prática Jurídica no Centro Universitário Internacional de Curitiba (Uninter). Participou como pesquisador do Grupo de Pesquisa Pátrias do Centro Universitário Autônomo do Brasil (UniBrasil-PR) e foi diretor da Associação dos Advogados Trabalhistas do Paraná de 2009 a 2015. É membro do Instituto dos Advogados do Paraná (IAP), tendo experiência na área de direito com ênfase em Direito do Trabalho. É autor das seguintes obras:

- ALMEIDA, R. S. **Estado constitucional e a efetivação do desenvolvimento sustentável**. Curitiba: Instituto Memória, 2018.
- ALMEIDA, R. S.; VILLATORE, M. A. C. **Duração do trabalho e controle de horário**: registro eletrônico de ponto (REP) – sistema de registro eletrônico de ponto (SREP) – disciplinamentos. São Paulo: LTr, 2011.

Os papéis utilizados neste livro, certificados por instituições ambientais competentes, são recicláveis, provenientes de fontes renováveis e, portanto, um meio responsável e natural de informação e conhecimento.

Impressão: Reproset
Fevereiro/2023